化雨春风

（二）

——水利部小浪底水利枢纽建设管理局思想政治工作文集

顾　　问　殷保合
主　　编　张善臣
副 主 编　柯明星　刘红宝　李焕章　刘凤翔
编　　辑　李　敏　姜拥军　张红建　杨　静
　　　　　程长信　韩法玲　李文颖　李　锐
　　　　　王鹏呈　张心娜

黄河水利出版社
·郑州·

图书在版编目(CIP)数据

化雨春风（二）：水利部小浪底水利枢纽建设管理局思想政治工作文集/张善臣主编.—郑州：黄河水利出版社，2011.2

ISBN 978-7-80734-978-5

Ⅰ.①化… Ⅱ.①张… Ⅲ.①黄河-水利枢纽-水利工程-政治工作-洛阳市-文集 Ⅳ.①D412.62-53

中国版本图书馆 CIP 数据核字（2011）第 008193 号

组稿编辑：韩美琴　　电话：0371-66024331　　邮箱：hanmq93@163.com

出 版 社：黄河水利出版社

地址：河南省郑州市顺河路黄委会综合楼 14 层　邮政编码：450003

发行单位：黄河水利出版社

发行部电话：0371-66026924、66020550、66028024、66022620（传真）

E-mail：hhslcbs@126.com

承印单位：河南省瑞光印务股份有限公司

开本：787 mm×1 092 mm　1/16

印张：16.75

字数：195 千字　　印数：1—2 000

版次：2011 年 2 月第 1 版　　印次：2011 年 2 月第 1 次印刷

定价：35.00 元

序

思想政治工作是我们党和社会主义国家的重要政治优势，是我们党的传家宝，是团结全党和全国各族人民实现党和国家各项任务的中心环节，具有不可替代的作用。80多年来，它与党的创立、发展、成熟、壮大紧密联系在一起，始终贯穿革命、建设和改革开放的整个过程，并在不同历史时期特别是关键时刻发挥重大作用。“思想政治工作是经济工作和其他一切工作的生命线”，这是我们党对思想政治工作地位的集中概括和形象比喻，是对思想政治工作巨大作用的经验总结和深刻认识。

一直以来，小浪底建管局党委非常重视思想政治工作，始终坚持“两手抓，两手都要硬”的工作方针，把思想政治工作作为推进工程建设与管理、单位改革与发展的生命线，在内容上拓展，在形式上创新，在载体上丰富，不断提高思想政治工作的针对性、实效性，充分发挥思想政治工作的政治优势和巨大作用，实现了两个文明建设的双丰收：小浪底水利枢纽持续安全稳定运行，并发挥了巨大的社会、生态、经济效益；西霞院反调节水库成功建设，在水利系统首家实现“达标投产”；以多元发展为方向，内部改革发展取得实质性突破；小浪底工程荣获“中国水利工程优质（大禹）奖”、“中国土木工程詹天佑奖”、“新中国成立60周年百项经典暨精品工程”、“国际堆石坝里程碑工程奖”和“中国建设工程鲁班奖（国家优质工程）”等荣誉称号；小浪底建管局连续获得“全国文明单位”、“全国优秀水利企业”等荣誉称号。

2006年3月，小浪底建管局编辑出版了《化雨春风——水利部小浪底建管局思想政治工作文集》。本书是它的续集，是选自2006年至2010年间小浪底建管局思想政治工作的论文和文章，其中不少论文获得过奖励和在不同的会议上进行了交流，虽然它篇幅不多，只是5年中的几个片段记录，但是它反映了小浪底建管局思想政治工作研究的最新水平，具有一定的理论性、针对性和实践性。《化雨春风（二）——水利部小浪底水利枢纽建设管理局思想政治工作文集》的出版，既是对小浪底建管局思想政治工作的又一次阶段性总结，也是对小浪底建管局思想政治工作的又一次检阅。相信这些论文和文章不仅对小浪底建管局思想政治工作具有指导意义，同时对水利行业思想政治工作也有一定的借鉴意义。

党的十七届五中全会对“十二五”时期水利改革发展提出了明确要求。新的使命，新的机遇，新的任务，水利工作任重道远，水利行业思想政治工作任重道远。今后，我们将继续以邓小平理论和“三个代表”重要思想为指导，深入贯彻落实科学发展观，积极践行水利部党组可持续发展治水思路，与时俱进，开拓创新，扎实工作，不断丰富和发展思想政治工作，充分发挥其“生命线”的作用，为小浪底建管局科学和谐发展提供坚强的政治保障和强大的精神动力，为推进水利改革发展新跨越作出新的更大的贡献。

2011年1月

目　　录

第二部分

第一部分

DIYIBUFEN

以社会主义核心价值观为根本
大力开展企业文化建设

□张善臣

党的十六届六中全会站在时代的高度，明确提出了社会主义核心价值体系是建设和谐文化的根本，这一论断充分阐明了核心价值观与文化建设之间的关系，为开展文化建设提出了要求、指明了方向。

小浪底水利枢纽是治理开发黄河的战略性工程。作为小浪底水利枢纽的建设管理单位，水利部小浪底水利枢纽建设管理局（以下简称小浪底建管局）十分重视企业文化建设，尤其是2004年以来，全局紧紧围绕核心价值观大力开展企业文化建设工作，用核心价值观统一思想、凝聚力量，把企业文化建设提高到了更高层次，充分发挥了企业文化强有力的作用，极大地促进了两个文明建设，实现了企业的和谐发展。

一、面对国际工程建设的挑战，小浪底人以社会主义核心价值观为根本，积极打造企业文化，用文化力推动国际工程建设

小浪底水利枢纽是治理和开发黄河的战略性工程，是技

本文获2007年12月中国水利职工思想政治工作研究会优秀思想政治工作研究成果一等奖。

术难度极具挑战性、全面按照国际惯例进行建设管理的工程，工程建设的好坏直接关系着黄河治理的成败，关系着中国在国际上的声誉。把工程建设好，在外国人面前树立中国人的形象，给党和人民一个满意的答卷，服务于建设中国特色社会主义这个伟大时代主题是小浪底人的崇高使命。崇高的使命需要崇高精神的引领、高尚文化的支撑，以社会主义核心价值观为根本进行企业文化建设，用文化力推动国际工程建设成为小浪底人的必然选择。

（一）“艰苦奋斗，为国争光”的价值理念筑牢创业的基石

20世纪末的中国，改革的春潮涌动，但那时的小浪底，依然贫穷落后，交通极其不便，且地质地理条件都十分恶劣，要想在此建设大型水利工程，其艰苦程度是可想而知的。更大的难题是，由于国家财政困难，需向世界银行贷款，要通过多次严格的检查和评估，否则，小浪底前期工程就是竹篮打水一场空。

在艰难和困苦面前，小浪底人把“艰苦奋斗，为国争光”确定为前期工程的企业文化信念，立誓要以高质量和高速度拿下前期工程。在外面世界日益精彩的同时，小浪底建设者却没有节假日、没有星期天，有的只是埋头苦干。搭工棚，宿荒山；饥食方便面，渴饮黄河水；朝朝不论点，岁岁不过节。小浪底的第一个钻孔就是在一只手电筒的昏暗光线下开钻的……

在“艰苦奋斗，为国争光”价值理念的引领下，小浪底人大干苦干两年，以“三年任务两年完成”的优秀业绩，通过了世界银行专家团15次严格检查和正式评估。毋庸置疑，如果没有“艰苦奋斗，为国争光”价值理念的支撑，40年来几代治黄人的梦想难以变成现实。

（二）“报效祖国，为祖国而战”的民族精神推动国际工程建设

1994年9月，小浪底主体工程开工后，就在工程赶工截流的关键时候，由于种种原因，三条导流洞相继发生塌方，外国承包商提出巨额索赔和推迟一年截流的要求。在严峻形势面前，小浪底人高举爱国主义旗帜，倡导了“报效祖国，为祖国而战”的民族精神，发出了“确保截流是我们最大的爱国”，“在外国人面前，我们是中国人”的号召。在爱国主义精神的感召下，全工区形成了强大的凝聚力，以“中—外—中”夹心饼干式策略促进和推动外国承包商的工作，全部夺回了被耽误的整整11个月的工期。在截流的当天，外国承包商欣然以中国方式，张贴了大红标语：“中德意联营体：1997年10月31日，就是这一天！”，传达了对截流目标的认同，对强烈爱国主义精神的认同。

“艰苦奋斗，为国争光”，“报效祖国，为祖国而战”是小浪底人根据当时工程建设的需要提出的文化理念，体现了小浪底人坚定的社会主义信念和强烈的以爱国主义为核心的民族精神，是小浪底特有的工程建设文化，起到了统一思想、凝聚人心、激人奋进的重要作用，有力地推动了国际工程建设。

二、面对枢纽运行与管理的重任，小浪底人继续以社会主义核心价值观为根本系统建设企业文化，用文化力确保枢纽综合效益的发挥

工程建设文化使小浪底人得到了好处、尝到了甜头，但也存在着不够系统、不够全面和不能满足运行管理期需要的差距。

2004年，小浪底水利枢纽的建设任务已全面完成，小浪

底建管局的工作重心转为枢纽的运行管理。实现枢纽的科学运行管理，发挥枢纽的巨大社会经济效益，造福于广大人民，服务于建设中国特色社会主义这个伟大时代主题成为小浪底人新的历史使命。新的形势和任务更需要崇高精神的引领、高尚文化的支撑，以社会主义核心价值观为根本开展企业文化建设依然是小浪底人的必然选择。此时正值局新一届领导班子上任，新班子从治理黄河的大局出发，从促进枢纽综合效益的发挥出发，很快就进一步推进局企业文化建设问题达成共识，决定以社会主义核心价值观为统领，从系统构建符合小浪底建管局运行管理期需要的企业文化体系入手，全面实施新的企业文化建设战略。

（一）以社会主义核心价值观为统领，凝练、提升工程建设文化，构建符合小浪底建管局发展实际需要的新的文化体系

有计划就要有行动。从2004年9月开始，小浪底建管局以社会主义核心价值观为统领，利用6个多月时间，对工程建设期形成的工程建设文化进行系统的总结和提炼；对企业发展现状、队伍状况等进行全方位的诊断，对影响企业发展的内外部环境和因素进行系统的分析；对企业未来发展方向和重点领域进行规划和定位。在此基础上，经过认真研究，制定了《小浪底建管局企业文化规划》，包括“分析研究报告”、“文化纲要”、“VI系统及使用规范”、“行动纲要”和“制度修订建议”五部分，形成了包括理念、行为和视觉识别等主要内容的新的企业文化体系。

（二）以培育社会主义核心价值观为重点，结合企业实际，大力贯彻落实企业文化建设规划

按照《小浪底建管局企业文化规划》的总体部署，小浪底建管局企业文化建设的贯彻落实分导入期、深化期、推广期、调整期四个阶段分步推进，在不同的阶段，再进一步制定详细的落实方案。目前，小浪底建管局企业文化建设导入期的各项工作已基本完成，正全面转入深化期。

1. 牢记企业使命，坚持人民利益第一，继续谱写治理黄河新篇章

黄河取名于泥沙，又祸害于泥沙，泥沙是黄河的罪魁祸首。几千年来，“善淤、善决、善徙”，“三年两决口，百年一改道”的黄河，给中华民族带来了深重的灾难。新中国成立以来，黄河治理确保了年年安澜，但黄河的防洪、缺水和水生态问题仍非常突出。小浪底是开发和治理黄河的战略性工程，治理黄河水害，维持黄河健康生命，造福于广大人民是小浪底人责无旁贷的社会责任和光荣而崇高的历史使命。基于此，小浪底建管局在构建新的企业文化体系时，将“维持黄河健康生命，谋求企业持续发展”定为企业使命。这是新时期小浪底人爱国主义的具体体现。新时期小浪底人最大的爱国就是坚持人民利益第一，就是维持黄河健康生命，就是确保枢纽社会经济效益的最大发挥。

为使“坚持人民利益第一”、“维持黄河健康生命”的价值理念成为职工自觉的思想意识和行为规范，小浪底建管局教育职工牢记企业使命，树立大局观念，电调服从水调，局部利益服从整体利益、企业利益服从国家利益，充分发挥小浪底水利枢纽在经济社会发展中的重要作用，不断增强职工的社会责任感。教育职工树立职业理想，端正职业态度，强化职业责任，贯彻岗位职责，不断提高职工的职业责任感。

如今，坚持人民利益第一、电调服从水调、发挥枢纽的社会效益、维持黄河健康生命的理念已深入人心。自小浪底水利枢纽运行以来，黄河下游连年断流的现象得到遏止，并连续7年安全度过汛期；5次黄河调水调沙试验和运用，使黄河下游过水能力由1800立方米每秒增加到3700立方米每秒；

多年停止发电向下游供水，累计供水达1075亿立方米，为下游人民生活用水和工农业用水提供了可靠保障。

2. 培育和谐理念，统筹处理好“三个”和谐，唱响时代主旋律

自党的十六大提出全面建设惠及十几亿人口的更高水平的小康社会，使社会更加和谐的论断以来，全社会对和谐的认识不断深化，推动和谐社会建设的实践不断取得新成效，党的十六届六中全会更是作出了构建社会主义和谐社会的重大决定。倡导和谐精神、培育和谐理念已成为时代的主旋律，也成为了一种改革创新的时代精神。

小浪底建管局紧跟时代步伐，积极弘扬时代精神，将统筹处理好人与自然、企业发展与社会发展、人与人之间三个方面的和谐作为培育和谐理念及促进和谐文化建设的主要内容。

小浪底建管局积极做好工程水利向和谐水利的转变，科学管理和运用，最大限度提高水资源综合利用效率；合理调度，始终保障黄河下游生态、生活和工农业用水；利用小浪底水库强大的库容，积极探索洪水资源化利用；加大水土保持综合治理，绿化美化工区。如今，黄河中下游生态系统正逐步得到改善，小浪底库区昔日的荒瘠山谷已被乔木、花卉、草坪组成的立体群落所代替，一幅人与自然和谐相处的美丽画卷正在小浪底悄然铺开。

针对小浪底建管局兼具水利行业和电力企业职能的特点以及中央驻豫单位的性质，通过各种途径加强对外宣传和沟通交流，积极处理好与水利系统各部门、电力企业有关单位、地方各级政府等各方面的关系，为企业发展创造了和谐的外部环境，实现了水利事业发展、服务地方经济、促进自身发展的有机统一。

小浪底建管局加大思想政治工作力度，积极倡导诚信、互助、友爱的人际关系；建立重大事项征求意见制度、信息沟通交流制度、局长接待日制度等，加强内部沟通和交流；始终关心职工的个人发展和生活改善，积极为职工个人成长搭建平台、创造条件；注重加强人文关怀和心理疏导，引导职工正确对待利益得失，保持积极向上的心态。关心退休职工生活和待遇，使退休职工老有所养，老有所乐。这些举措极大地提高了企业的凝聚力，营造了人与人团结协作、和谐共处的良好氛围。

3. 崇尚科学精神，从安全、人本、创新和精细化管理四个方面入手，贯彻落实科学发展观

崇尚科学精神是社会主义荣辱观的基本要求。科学发展观是构建社会主义和谐社会的根本指导思想。崇尚科学精神、贯彻落实科学发展观是爱国主义、时代精神和社会主义荣辱观在新时期的具体体现。

小浪底建管局将这种爱国主义、时代精神和社会主义荣辱观的培育重点放在了安全、人本、创新和精细化管理四个方面。

强化安全意识。安全是科学发展的根本保障。小浪底水利枢纽的安全运行直接关系着黄河下游几千万人民的生命和财产安全，关系着黄河治理的大局，小浪底人必须加强安全文化建设。为此，小浪底建管局始终把安全工作放到各项工作的首位，响亮提出了“安全是各项工作中的重中之重”的口号，并把这种理念的培育落实到日常工作的每一个环节：成立了局长挂帅的安全委员会，建立了专职安全员制度；每年召开安全工作会议，与各部门签订安全目标责任状；印发安全生产管理制度；实施大坝安全会商制度；在水利系统首家开展安全、文明生产“双达标”活动，并顺利通过验收。

这些措施的实施，极大地提高了职工的安全意识，“让安全成为习惯”已成为职工的自觉行动，确保了枢纽的安全运行、效益的发挥。

坚持人本理念。人本即以人为本，以人为本是科学发展观的本质和核心。落实科学发展观，必须坚持以人为本。坚持以人为本的重点内容之一就是要加强人才队伍建设，提高人才队伍素质。2004年，小浪底建管局提出了“人才强局”战略，召开了建局以来第一次全员参加的人才工作会议，对局人才开发工作进行了全面规划和部署。近3年来，小浪底建管局全面落实会议精神，采取了很多有力措施：成立培训中心，加强对人才培养的组织管理；设立人才开发基金，用于人力资源开发、培养；评选了5名专业技术拔尖人才和23名优秀专业技术人员，给予大力表彰；公开选拔了51名专业技术干部，给予技术津贴；开展创建学习型组织建设，引导职工养成终身学习的习惯。这些措施为人才成长搭建了平台，使职工干事有舞台，奉献有成就，发展有空间。如今小浪底建管局尊重知识、尊重人才、尊重创造的氛围更加浓厚，职工自主学习、岗位成才已蔚然成风，一批年轻干部正茁壮成长。

积极开拓创新。创新是科学发展的必然要求，也是企业文化建设的必然要求。小浪底建管局结合企业的实际，在创新道路上做了有益的探索：聘请专业公司做指导，制定了企业发展总体规划，提出了企业未来五年的发展目标、发展战略，确定了发展的共同理想和目标追求；提出并实施了“科技兴局”的宏伟战略，在全局掀起了爱科技、学科技、创新科技的热潮；在水利系统率先开展了岗位知识能力体系建设；为小浪底“量身定做”了七首歌曲。这些创新举措，在推进工作的同时，也培育了创新意识，激发了创新思维，使创新成为小浪底人贯彻科学发展观的重要理念。

三、以社会主义核心价值观为根本开展企业文化建设的思考

（一）围绕根本是前提

小浪底建管局在工程建设和枢纽运行管理的各个时期，企业文化建设都紧紧围绕社会主义核心价值观开展，始于这一价值观的精心培育，终于这一价值观的维护、延续和创新，将这一价值观体现在文化建设的各个环节，这是小浪底建管局开展企业文化建设的前提。

（二）结合实际是关键

以社会主义核心价值观为根本开展企业文化建设必须与企业的生产实际相结合。“艰苦奋斗，为国争光”，“报效祖国，为祖国而战”和“坚持人民利益第一”、“培育和谐理念”、“崇尚科学发展”的文化理念，都是小浪底建管局根据当时工程建设和枢纽管理的实际而提出的。毋庸置疑，如果不结合生产任务的实际，小浪底建管局社会主义核心价值观的培育、企业文化的建设将成为空中楼阁，失去根基。

（三）促进发展是目的

围绕社会主义核心价值观开展企业文化建设的根本目的是要促进企业健康持续发展，以服务于建设中国特色社会主义的伟大主题。因此，在开展企业文化建设时，要将发展的思路反映在文化体系构建和具体的贯彻执行措施中，融合在企业的各项管理、生产、经营的具体工作中，体现在企业战略、运行机制、操作规范、行为规范、奖惩制度、人事制度中。

小浪底落实社会责任
开展和谐创建调查研究

□柯明星　李文颖　陈　岭

企业社会责任（Corporate Social Responsibility，简称CSR）主要是指：企业在生产经营管理的过程中，对社会应承担的责任或对社会应尽的义务，它是企业贡献于全社会可持续发展的一种承诺。企业的社会责任要求企业超越把利润作为唯一目标的传统理念，强调在生产过程中对人的价值的关注，强调对利益相关者、对环境、对社会的责任和贡献。

古往今来，“和谐”始终是中华民族孜孜以求的社会理想，是中国传统文化的核心理念和根本精神。时值中华民族复兴的伟大时代，党中央提出了构建社会主义和谐社会的宏伟战略目标。按照党中央提出的战略构想，构建和谐社会是一项宏大的系统工程，必然需要依靠全社会的积极性和创造力。因而，构建社会主义和谐社会这一重大战略任务的提出，无疑为企业社会责任提出了新的内涵和更高的要求。

水是生命之源，民生之本。水资源是基础性的自然资源

本文获2007年12月中国水利职工思想政治工作研究会优秀思想政治工作研究成果三等奖。

和战略性的经济资源，是社会安定、发展与和谐的重要保障；水利工作涉及人民群众最切身的利益，事关城乡之间、区域之间、经济与社会、人与自然等多方面的和谐发展，是社会和谐的重要支撑。水利工作担负如此重要使命，那么，在构建社会主义和谐社会的大时代背景下，水利企业又是如何行动的呢？是如何紧紧把握社会责任，为全社会的和谐建设提供坚实的保障的呢？带着这一命题，笔者对小浪底建管局落实社会责任，开展和谐创建进行了具体的调查研究，并以此作些分析和思考，以求对实践有些借鉴。

一、小浪底工程概况

小浪底工程位于河南省洛阳市以北40千米黄河中游最后一段峡谷的出口处，控制黄河流域面积的92.3%，水库总库容126.5亿立方米，在黄河治理开发中具有重要的战略地位。工程开发目标为：以防洪（包括防凌）、减淤为主，兼顾供水、灌溉、发电，蓄清排浑、兴利除害、综合利用。

小浪底工程于1991年9月破土动工，1997年10月大河截流，2001年12月主体工程全面完工。经过十余年艰苦卓绝的奋战，在水利部的正确领导下，经过全体建设者的共同努力，小浪底工程取得了工期提前、质量优良、投资节约的优异成绩，向党和人民交上了一份满意的答卷。小浪底工程的建成，标志着中华民族的治黄事业进入了一个新的阶段。

小浪底工程建成后，小浪底人肩负的重担却未能就此卸下。黄河，作为中华民族的“母亲河”，孕育了一个伟大民族的生生不息，但她“善淤、善决、善徙”的个性使她不时发威肆虐，以至于老百姓说“黄河宁，天下平”。“要把黄河的事情办好”，党和国家，尤其是黄河中下游广大人民对小浪底工程建成后能够充分发挥巨大的综合效益充满了期待。面对重托和期望，维持黄河健康生命，构建人水和谐成为小浪底人“无可选择”的抉择。

二、小浪底建管局落实企业责任，开展和谐创建的具体实践

作为小浪底工程的建设管理单位，小浪底建管局始终把充分发挥小浪底工程的综合效益，认真履行社会责任，服务和谐社会建设放在突出的位置。2007年小浪底建管局工作会议在对以往工作经验进行全面总结的基础上，鲜明地提出了“四项工作原则”——坚持安全第一、坚持社会效益优先、坚持全面协调可持续发展、坚持和谐发展。由此可见小浪底建管局落实社会责任、构建和谐一以贯之的决心和坚定。

（一）牢记使命和宗旨，坚持人民利益第一，谱写水利人落实社会责任、构建和谐的绿色赞歌

以防洪等社会效益为主的水利枢纽工程，其财务经济运行问题一直以来都是困惑水利行业的难题之一，小浪底尤其如此，其工程投资规模巨大且利用巨额外资。小浪底工程总投资340多亿元，其中世界银行贷款11.09亿美元，在还贷高峰期，每年10多亿元的还贷压力沉重地压在企业的肩上。这是小浪底建管局不得不面对和必须解决的现实课题。在社会主义市场经济环境下，多发电，提高企业经济效益似乎是最好的选择，应该也无可厚非。然而，面对党和人民对小浪底的殷切期望，为了黄河中下游人民的安居乐业和幸福生活，为了社会的和谐建设，小浪底建管局作出了自己坚定的抉择——任何时候，电调服从水调，经济效益服从社会效益，谱写了一曲曲新时期水利人落实社会责任、构建和谐的绿色赞歌。

（1）防洪。小浪底水库利用巨大的调节库容，使黄河下游千年一遇洪峰流量由22000立方米每秒降至10000立方米每秒，连续7年保证黄河下游安全度汛。

上苍也许要故意考验小浪底人在大局面前的勇气和决心，2003年8～10月，突发“华西秋汛”，黄河流域遭遇几十年来最为严重的汛情。小浪底人果敢地利用水库进行蓄洪、削峰、错峰运用，拦蓄洪水58.5亿立方米，将黄河下游可能持续出现的6000立方米每秒洪峰削减至2800立方米每秒以下，避免了滩区179万人口转移及375万亩耕地遭受水淹，直接经济效益110亿元。

（2）防凌。自小浪底工程建成后，通过科学的防凌调度和运用，黄河中下游凌汛期隆隆的炸冰声和千军万马齐上堤防的“壮观”场面一去不复返了。

（3）减淤。2000～2006年，小浪底水库共拦截泥沙20.62亿立方米，对下游河道起到了有效的减淤作用，努力实践水利部党组提出的确保黄河下游不抬高的设想。

（4）供水。2000～2006年，小浪底水库累计向下游供水1075亿立方米，保证了下游生产生活用水，缓解了农业灌溉用水紧张的矛盾，连续7年实现黄河不断流。

2000～2003年上半年，黄河来水严重偏枯（2001年、2002年分别为历史第二、第三极枯水年），黄河下游旱情严重。在关键时期，小浪底水库挖掘最低发电水位以下水量向下游供水，停机供水30亿立方米，为保证黄河下游供水安全，避免黄河断流作出了巨大贡献。

（5）减污。2000～2006年，小浪底电厂累计发电256亿千瓦时，相当于节约标准煤约851万吨，减少排放CO_2 2339万吨、SO 216万吨、NO_x 6.38万吨、烟尘5.7万吨，在为国民经济发展提供大量能源的同时，也为环境保护作出了巨大贡献。

（6）生态。通过合理调度，保障黄河下游及入海口的生态需求流量，大大改善了黄河下游生态环境，黄河三角洲湿地面积明显增加。仅2005年第四次调水调沙就使新淤地向海内推进1.6千米，新增湿地2万亩。黄河下游以及库区大片湿地的形成，使久别的鸟类重返家园，清澈的水面为各种水生生物提供了良好的栖息地。

为了充分发挥小浪底工程的综合效益，自觉和勇于承担社会责任，小浪底人也默默承受着企业自身巨大的经济损失和压力。

“华西秋雨”，为了蓄洪，初期运用的小浪底水库不得不在很短的时间内将库水位升至265.69米，距最高运用水位仅差9.31米。水利人都知道，像小浪底这样的坝体，尤其又是刚刚投入运用，是需要严格避免这样的蓄水过程发生的（为此，小浪底甚至受到个别不知情水利专家的微词）。但在大局面前，在广大人民生命财产受到威胁的时候，小浪底人毅然决然地把风险留给了自己。

为了充分保证下游生产生活用水，缓解农业灌溉用水紧张的矛盾，实现黄河不断流，仅2000～2003年期间，小浪底就累计停关机组176天。

为充分满足小浪底防洪、防凌、供水和调水调沙的运用，一是由于水调日控制指标缺乏柔性和供水需求与负荷需求存在季节差异等原因，水调电调难以协调，水库被迫长期大量弃水；二是排沙洞工作门一直在超频次运用，频繁的启用造成排沙洞闸门损伤严重。仅1999年10月至2003年12月31日，其工作门累计启闭运用1595次，过流时间达到20195小时。如此频繁的启闭和超长时间的运用，加快了设备的磨损，其4年多的运用，基本上相当于常规水电站闸门10～15年的运用。

为防止黄河下游淤积，小浪底水库出库含沙量严格控制，导致水库不必要的泥沙淤积。

……

（二）调水调沙，服从服务于黄河治理开发的大局，维持维护中华民族母亲河的和谐健康生命

毋庸回避，由于人类自身的活动以及对河流的过度开发和利用，黄河——中华民族的母亲河已经成为社会和谐发展的隐患，恢复和维护黄河健康生命已是刻不容缓。而黄河因其“沙”给治理带来了巨大的难题和挑战，水沙关系不协调，时空分布不均，河道泥沙时淤时冲，河槽极不稳定，河道不断淤积抬高。因此，实施人工调水冲沙、减轻河道萎缩、逐步恢复并维持黄河健康生命即调水调沙十分必要，这是黄河治理开发新的理念和有效手段。黄河从2002年开始连续进行了3年的调水调沙试验，并于2005年正式转入生产运用。连续7次调水调沙已将6亿多吨泥沙送入大海，并初步遏制了黄河下游主河槽萎缩、“二级悬河”持续恶化的不利态势，使下游河道主槽行洪能力从调水调沙前的不足2000立方米每秒提高到3800立方米每秒左右，一条健康的黄河正悄悄地向人们走来。从任由水沙肆虐到调水调沙，可以说，调水调沙开创了现代水利人治理开发黄河的新纪元。

正是小浪底工程的建成，给黄河实施人工调水调沙战略带来了可能。如在2007年6月的黄河调水调沙运用中，小浪底全部下泄的37.5亿立方米水量中，约24.5亿立方米是由小浪底水库补给的，库存水在此次调水调沙运用中的贡献度为65%。也因此，小浪底工程又多了一份责任和使命。

在调水调沙期间，小浪底建管局始终以治黄大局为重，坚决服从调水调沙调度指令，在实现黄河中下游河道全线冲刷、过流能力大幅度提高的同时，小浪底水库却在默默承受大量弃水，这是不争的事实。据不完全统计，仅2007年黄河调水调沙运用，小浪底水库下泄水量中被迫弃水为50%左右，给企业直接带来约6.6亿千瓦时的发电损失，对应经济效益损失约1.8亿元。可以说，在维持黄河健康生命的背后，小浪底建管局无怨无悔地承受了巨大的社会效益成本的支出。

（三）重视环境保护，建设资源节约型、环境友好型工程，实现人水和谐

水利企业必须经营好自然生态环境，实现人水和谐。秉承这一理念，从工程建设伊始，小浪底人就致力于播撒“绿色”的种子。

工程建设期间，小浪底建管局专门设立资源环境部门，统一协调管理环境保护。合同环境条款和工程条款并列，环境监理和工程监理同步实施，工程建设与环境保护规划同时进行，如此等等。小浪底工程环境建设与水土保持工作的显著成效得到了中外环境咨询专家的一致肯定。“小浪底环境保护工作开创了中国大型水电项目的先河，其经验具有普遍意义”，世界银行的官员如是说。

如果说，在工程建设期间，小浪底人在工区这个点播撒“绿色”的种子，那么工程建成以后，小浪底人在更广的空间范围内和更高的层次上致力于建设资源节约型、环境友好型和谐社会，积极进行工程水利向和谐水利转变的有益探索。科学调度和运用，利用小浪底水库强大的库容，积极探索洪水资源化利用途径，最大限度提高水资源综合利用效率；致力于黄河中下游生态系统的改善，从维持河流健康生命的高度，确保黄河中下游生态供水的需求，随着黄河中下游湿地的增加，整个河流生态系统正逐步恢复和改善，百鸟齐飞翔的景观随处可见；继续加大水土保持综合治理，绿化美化工区，使小浪底坝区、库区绿色葱茏。

（四）开发性移民加积极落实移民后期扶持政策，彰显现代水利人贯彻科学发展观、承担社会责任、构建和谐的时代精神

工程未动，移民先行。由于国情、体制、机制等诸多原因，水利工程移民问题一直是水利工程建设无法绕开的难题，移民安置困难重重，个别移民安置区甚至直接成为区域社会不和谐的隐患。同样，小浪底工程20万移民的搬迁安置给工程建设带来了巨大的挑战。

面对挑战，为了实现治黄事业的伟大梦想，更为了小浪底工程20万移民搬迁后能够与安置区的百姓一道和谐发展，在水利部的正确领导下，本着对移民负责，对党和国家负责，对社会负责的态度，小浪底建管局积极进行开发性移民的探索和攻坚。组织制定《移民安置实施管理办法》、《移民监理办法》、《移民监测评估工作管理办法》等10多项移民管理制度，实现小浪底移民项目的规范化、程序化和制度化；率先开展移民工程现场监理，确保移民搬迁安置工作质量；任何时候首先保证移民资金按时足额到位，加强审计、监管和协调，确保移民工程良好“钱”途；高度重视移民干部素质和移民生产技能的培训与扶持；积极推行移民搬迁安置的监测和评估；移民搬迁安置后，继续以高度的责任感关注和关心移民搬迁后的生产、生活，每年从发电效益中拨付专项资金用于移民的后期扶持，并积极努力和多方协调其他移民后期扶持资金的及时到位。

10多年以来，正是由于小浪底建管局始终坚持以人为本的开发性移民方针，始终以高度负责的态度对待移民，而不是将移民像扔包袱一样留给国家、地方和社会，小浪底工程移民工作取得了令人满意的效果并为国内外专家所广泛认同，世界银行专家誉称其为国际移民工程的典范。小浪底工程移民的成功，彰显了现代水利人贯彻科学发展观、承担社会责任、构建和谐的时代精神，也为其他大型水利工程妥善处理移民问题开创了一条道路。

（五）积极协调和沟通，大力支持和服务地方经济建设，实现企业、水利事业、地方经济和谐发展的有机统一

小浪底建管局通过各种途径加强对外沟通和交流，积极处理好与水利系统各部门、电力企业有关单位、地方各级政府等各方面的关系。

首先，充分发挥小浪底电站的供电能力，为地方经济的持续发展提供可靠的能源保障。尤其值得一提的是，小浪底电站装机占河南电网统调水电的81.4%。在火电占绝对比重的河南电网中，小浪底电站充分发挥调峰作用，为保障河南电网供电安全发挥了关键作用，极大地保障了地方经济的持续发展和增长。

其次，小浪底建管局积极响应河南省委的号召，大力支持地方经济建设和扶贫工作。从2002年起，小浪底建管局已连续4年选派干部参加河南省委组织开展的驻村帮扶工作。小浪底建管局拿出100多万元资金用于扶贫开发，为对口扶持单位修建道路、学校、文化大院等基础设施，并多次组织全局职工为扶贫地方捐款捐物，局职工医院还组织医务人员到扶贫村为当地村民免费义诊，局团委组织青年职工捐款，为当地小学建立了爱心奖励基金。小浪底建管局为地方办实事好事，得到了当地政府和老百姓的高度评价，也为自身发展营造了良好的社会环境。

正是由于小浪底建管局自觉落实社会责任，积极开展和谐建设，小浪底建管局各项工作得到了党和国家、社会的充分肯定，先后获得“河南省文明单位”、“全国水利系统文明单位”、“全国文明单位”、“全国五一劳动奖状”等荣誉称号。小浪底工程被命名为水利部和河南省爱国主义教育基地，被评为“国家环境保护百佳工程”、“开发建设项目水土保持示范工程”、“国家水利风景区”等。

三、水利企业落实社会责任、构建和谐的几点思考

（1）牢固树立科学发展观，正确处理好自身利益与社会利益的关系，是企业落实社会责任、构建和谐的前提条件。落实社会责任，必然要求企业超越追求自身利润最大化的传统理念。而要实现这种超越，没有对党和人民、对社会强烈的责任感和奉献精神是无法做到的，它必然要求企业牢固树立科学发展观，正确处理好自身经济利益与社会效益的关系，而且，在目前社会责任界限划分尚不是非常清晰的社会条件下，更多时候，需要企业以高度的政治责任感，坚持社会效益优先。因此，树立科学发展观，正确处理好自身利益与社会利益的关系，是企业落实社会责任、构建和谐的前提条件。

（2）高度重视安全，是水利企业落实社会责任、构建和谐的根本。安全是水利枢纽工程一切的根本。拥有巨大库容和以防洪为第一开发目标的小浪底工程，其枢纽安全的重要性不言而喻。小浪底工程的安全直接关系着黄河中下游几千万人民的生命和财产安全，关系着黄河治理的大局，关系着黄河中下游广袤区域社会和谐发展的根本。对小浪底枢纽安全负责，就是对大河安澜负责，就是对党和国家负责，对人民生命财产负责，这是小浪底人新的、最大的政治任务和责任。从这一高度出发，小浪底建管局始终把安全工作放到各项工作的首位，响亮提出了“安全是各项工作中的重中之重”的口号，并把这种理念的培育落实到日常工作的每一个环节，确保枢纽安全稳定运行。巍巍耸立的小浪底大坝坚实

地向人们昭示着大河安澜的信息。

（3）以人为本，促进企业自身和谐发展，是企业落实社会责任、构建和谐的基本要求。以人为本，始终关心、关注企业员工自身价值的提升和实现，不断促进企业自身的和谐发展，这是对一个成熟的、负责任的现代化企业落实社会责任，构建大和谐最基本的内容和要求。多年以来，小浪底建管局在企业内部积极倡导和树立和谐理念，不断推进企业内部和谐建设，取得了良好的效果。小浪底建管局启动“中长期发展规划”战略，明确和谐发展的共同理想和蓝图；实施“人才强局，科技兴局”战略，夯实企业和谐发展的基础；实施“企业文化建设”战略，培育和构建和谐企业的灵魂；加强教育、沟通和关爱，营造企业良好的和谐氛围。这些举措极大地提高了企业的凝聚力和可持续发展的能力，营造了企业内部团结奉献、和谐共处的良好氛围，也为企业落实社会责任，构建全社会的大和谐创造了基本的内部条件和能力。

（4）思想政治工作是企业落实社会责任、构建和谐的生命线。落实社会责任是承诺，是责任，是实实在在的付出和具体行动。水利企业要落实社会责任、构建和谐，就必须把企业责任建设和员工责任建设结合起来，不断增强员工的社会公德意识和社会责任意识。这就需要充分发挥思想政治工作的政治核心作用和引领导向作用，真正在企业内形成明礼诚信、团结友善、关爱社会的良好风尚，实现员工个人价值、企业价值和社会价值的有机统一。这是小浪底人的切身体会和亲身感受。应该说，没有政治思想工作这根生命线，企业落实社会责任、构建和谐也将无从保证。

（5）加强和谐文化建设是企业落实社会责任、构建和谐的必然要求和途径。企业是人，文化是魂。企业文化建设是构建企业和谐发展的基本途径，决定着企业发展方向和自觉行为，能够很好地激励员工，培育职工的认同感，增强企业的凝聚力，将企业行为规范传承下来，使员工知道如何与他人相处、与社会相处，如何约束自己的行为以符合企业宗旨和长远发展，并将其转化为自身的自觉行动。从这一需要出发，现代水利企业要更好地落实社会责任、促进和谐发展，和谐文化建设就必然是无悔的选择。小浪底建管局新一届领导班子正是深刻地意识到这一点，及时实施了企业文化战略，并把这一战略的实施作为企业落实社会责任、构建和谐新的起点。实践证明，和谐文化建设已经发挥出了其应有的作用。

做精劳动管理文章　创建和谐劳动关系

□刘红宝　陈　岭

劳动关系是人们在从事劳动过程中发生的最基本、最重要的社会关系，具体表现为劳动者与用人单位之间发生的关系。劳动关系不仅反映着社会的生产关系性质、劳动者的利益和社会地位、劳动的质量和效率，更关系着整个社会的和谐稳定。党的十六届六中全会站在构建社会主义和谐社会的战略高度，明确提出了发展和谐劳动关系的要求，将发展和谐稳定的劳动关系作为构建和谐社会的重要内容，作为构建和谐社会的基础和前提。

正因为发展和谐劳动关系在构建社会主义和谐社会中的重要作用，水利部政研会将“创建和谐劳动关系”作为水利系统和谐文化建设与和谐创建活动调研课题的重要内容之一进行了部署，要求有关单位认真进行调研，以全面了解水利基层单位和谐劳动关系的基本情况。此次调研，必将对水利行业今后进一步创建和谐劳动关系、促进和谐水利文化建设产生重要作用。

本文获2007年12月中国水利职工思想政治工作研究会优秀思想政治工作研究成果三等奖。

按照水利部政研会有关部署，小浪底建管局对创建和谐劳动关系情况进行了认真调研。为做好此次调研工作，小浪底建管局成立了“创建和谐劳动关系”调研小组，小组由党委工作处、人事劳动处和工会5名成员组成。调研采取面对面谈话、召开座谈会等方式，分局领导、处级干部、一线职工三个层次进行。通过调研，了解了小浪底建管局在创建和谐劳动关系方面一些好的做法和经验，同时也明确了今后的努力方向。

一、小浪底建管局职工队伍的基本情况

小浪底建管局自1991年成立以来，经过多年的努力，现已组建了由2145人组成、专业门类齐全、能基本适应发展需要的职工队伍。其中长期合同制员工约占1/3，短期合同制员工约占2/3。在组建长期合同制员工队伍过程中，主要采取黄河水利委员会抽调、各大工程局抽调和大中专毕业生分配三种方式，其中抽调职工和分配的学生大致各占一半。

经过多年的教育和培养，小浪底建管局长期合同制员工目前呈现出“四多”特点：一是高学历人员多，研究生13人，大学本科306人，大专202人，大专及以上学历人员占69.66%；二是专业技术人才多，正高级职称9人，副高级职称197人，中级职称214人，中级及以上职称人员占56.15%；三是35岁以下青年人多，共335人，占44.79%；四是党员多，共280人，占37.43%。

二、创建和谐劳动关系的主要做法

管理出效率、管理出效益、管理出人才，管理同样能够促进劳动关系的和谐。多年来，小浪底建管局狠抓劳动关系的管理工作，做精劳动管理文章，以强有力的劳动管理促进

劳动关系和谐发展。

（一）牵引式管理——奠定创建和谐劳动关系思想基础

牵引式管理又称推进式管理，表现为发挥领导“领头羊”作用，由领导带动群众、上级推动下级、上环节拉动下环节，形成一级抓一级、层层抓落实、级级求实效的良好管理机制。

从调研中了解到，小浪底建管局有一个关心职工工作和生活、维护职工权益的好传统。自1991年建局以来，领导班子换了5届，但坚持关心职工工作和生活、维护职工合法权益的工作方针始终没有变，一任接着一任干，有力地推动了各项工作的顺利进行。2004年以来，小浪底建管局新一届领导班子更加重视和谐劳动关系的创建工作，把其放在更加重要位置去抓。领导班子经常召开务虚会，分析形势、沟通情况、讨论措施，明确提出“和谐劳动关系也是生产力”，日常管理中不仅要抓生产、抓经营，更要抓和谐劳动关系。党委书记、局长亲自负责创建和谐劳动关系工作，领导制定了《小浪底建管局企业发展总体规划》，把创建和谐劳动关系作为主要内容融入规划内、体现在规章中、落实到责任上，而且在年度工作和职工代表大会、每月一次的局务会议、每季度一次的政工例会上将创建和谐劳动关系工作与党的建设工作、生产工作同时布置、同时强调、同时检查。各分管局领导也按照各自分工，将和谐劳动关系创建工作作为整个工作的一部分认真抓。

在领导班子高度重视和有力的领导下，小浪底建管局各部门形成了切实重视创建工作、努力做好创建工作的良好氛围：人事劳动部门积极研究、制定和谐劳动关系有关政策，工会组织通过各种方式积极维护职工的合法权益，监察部门积极督促有关政策的贯彻执行，各单位领导全面担负起“创建和谐劳动关系的第一责任人”的职责，领导本单位的创建工作。

“火车跑得快，全靠车头带”。小浪底建管局通过“牵引式管理”，形成了从上到下、环环相扣的创建机制。领导重视成为了多数人的重视，领导的思想成为了全员的实际行动。

（二）人本式管理——创建和谐劳动关系的保障体系

“人本”即以人为本。以人为本是科学发展观的本质和核心，是贯穿和谐社会的一条主线。劳动关系和谐是社会和谐的基础，创建和谐劳动关系必须认真贯彻“以人为本”这条主线。小浪底建管局在构建和谐劳动关系过程中，坚持人本式管理，积极采取措施、构筑平台、创新方法，不断构筑和谐劳动关系的保障体系。

（1）促进职工教育和发展。加强职工教育，提高职工素质，促进职工发展，是坚持以人为本的关键所在。在工程建设期，小浪底建管局提出了“建设一流人才”的宏伟目标，大力推进人才队伍建设。2004年，小浪底建管局又提出了“人才强局”战略，采取了许多具体措施：设立人才开发基金，评选了专业技术拔尖人才和优秀专业技术人员，给予表彰；选拔了专业技术干部，给予技术津贴；率先在水利系统开展了岗位知识和能力体系建设，开展了创建学习型组织建设，通过外派挂职、岗位轮流等方式锻炼职工。这些措施，使职工拓宽了视野，增长了才干，营造了尊重知识、尊重人才、尊重创造的氛围，使职工干事有舞台，奉献有成就，发展有空间，在创建和谐劳动关系中起到了关键作用。

（2）关心职工思想和生活。关心职工思想和生活，实施人性化管理，是坚持以人为本的必然要求。小浪底建管局以正在实施的“精细化”管理为契机，从小事着手，关心职工思想和生活，积极为职工办实事、办好事；引导职工实现自我和谐；逐年提高职工收入，解决职工住房问题，绿化美化职工生活和办公环境，建立了工间操制度，坚持职工健康体检，开展慰问活动，强化退休职工管理。这些措施，解决了职工的实际问题，使职工感受到了组织的温暖，实现了思想上的自我和谐，为创建和谐劳动关系提供了有利条件。

（3）确保职工劳动收入和福利。确保职工收入和福利，使职工最基本的生存权得到保障，是坚持以人为本的基本要求。小浪底建管局严格按照国家、水利部有关规定，按时足额发放工资；严格执行八小时工作制和休息休假制度；给包括短期合同制员工在内的所有职工办理了基本养老、失业、工伤等保险以及住房公积金；实行职工疗养货币化。这些措施的实施，既保证了职工的基本收入需要，又方便了职工、稳定了队伍，提高了职工对企业的忠诚度和归属感，在创建和谐劳动关系中起到了根本保障作用。

（三）制度式管理——规范创建和谐劳动关系的操作行为

制度是创建和谐劳动关系的有效载体，是和谐劳动关系在具体管理工作中的反映。只有不断完善各项制度，才能规范创建工作的操作行为，并逐步使这种行为成为企业日常管理性工作，最终成为企业统一的价值观和行为准则，并上升为理念。

小浪底建管局十分重视制度建设工作，在工程建设期已经制定了近500项规章制度，2004年，小浪底建管局对这500项规章制度进行了全面修订与完善。随后的2年多时间内，又根据工作需要制定了100多项新的制度。这些规章和制度，有近1/3与创建和谐劳动关系有关，基本涵盖了创建和谐劳动关系的各个环节与步骤，成为小浪底建管局创建工作的“行为准则”和硬性规范。

（1）完善了劳动用工管理制度。小浪底建管局先后制定了《大学毕业生招聘实施意见》、《关于实行全员劳动合同制的暂行规定》、《短期合同制员工管理办法》、《职工奖惩办法》等规章制度，明确了劳动用工过程中的招聘、日常管理、退休等各个环节的操作程序和具体要求，实现了劳动合同签订率100%的目标。

（2）完善了安全生产制度。保证职工的劳动生产安全是创建和谐劳动关系的前提。小浪底建管局先后制定了《安全生产工作会议制度》、《安全生产大检查制度》、《安全生产管理规定》、《防汛工作管理办法》等规章制度，实行了质量、安全“双达标”制度，强化了安全生产管理，防止了安全事故的发生，确保了职工的劳动生产安全。

（3）完善了教育、工资和福利发放制度。为提高职工的思想政治和业务素质，小浪底建管局制定了《创建学习型组织实施方案》、《岗位知识和能力管理暂行办法》、《职工培训体系建设方案》等规章制度；为保证职工工资和福利的发放，小浪底建管局制定了《工资管理规定》、《聘用职工相关待遇的规定》、《参加郑州市企业职工工商保险统筹的通知》等规章制度。这些制度强化了对职工的教育，规范了工资和福利发放行为，确保了职工的受教育权和劳动所得权。

（四）民主式管理——发挥职工在创建和谐劳动关系中的主人翁作用

民主管理是现代企业管理的重要特征，对创建和谐劳动关系具有重要作用，没有民主管理就没有企业和谐的劳动关系。小浪底建管局坚持从维护企业和员工双方的利益出发，不断拓宽民主渠道，改进民主方式，把职工的知情权、参与权落到实处，激发了职工参与民主管理的热情，发挥了职工在创建和谐劳动关系中的主人翁作用。

（1）突出抓好职工代表大会制度。职工代表大会制度是现代企业制度的重要组成部分，是协调劳动关系的重要载体。小浪底建管局坚持职工代表大会制度。每年年初将年度工作会议与职工代表大会共同召开，将工作报告、重大事项和职工提案等提交职工代表审议，促进了民主管理工作与企业中心工作的有机融合。在职工代表大会闭会期间，采取职工代表提案征集、审查、立案和检查制度与召开部分职工代表会议制度，鼓励职工代表积极建言献策。

（2）大力推行重大事项公开制度。对市场定位、发展规划、改革措施等涉及企业发展的重大问题，对财务预决算、项目招投标、大宗物资采购等涉及经营管理的重点问题，对工资改革方案、奖金分配、劳动用工招聘等涉及员工利益的热点问题，对干部选拔任用、发展党员、业务招待费使用等党风廉政建设的关键问题，采取会签、公示、公告、民主测评等不同的公开方式，全部实行公开办理，自觉接受职工民主监督。

（3）积极拓展民主管理形式。小浪底建管局积极探索民主管理的新方法、新途径：建立一年两次局领导与职工信息沟通交流制度、一年两次向退休职工通报情况制度、一月一次的局长接待日制度、定期征求意见制度，开通了局长热线、设立局长信箱等，使民主管理形式不断得到拓展。

（五）文化管理——为创建和谐劳动关系赋予精神动力

文化管理是指在企业内部形成一种共同的文化，制定出共同的价值取向，通过文化影响渗透到企业每位职工的内心世界。

在小浪底工程建设期间，小浪底建管局针对当时条件艰苦、任务繁重以及全方位与国际接轨的特点，大力实施具有小浪底特色的文化管理，弘扬了以艰苦奋斗、爱国主义为核心的企业精神，极大地促进了工程进展，取得了工期提前、投资节约、质量优良的巨大成就。2004年以来，小浪底建管局进一步加大文化管理力度，对工程建设期形成的工程建设文化进行了系统的总结和提炼，经过认真研究，制定了《小浪底建管局企业文化规划》，形成了包括理念、行为和视觉识别等主要内容的新的企业文化体系，并分导入期、深化期、推广期、调整期四个阶段逐步推进。在推进过程中，小浪底建管局将企业文化提升到文化管理层次进行贯彻落实，重点抓了以下几种理念建设：维持黄河健康生命理念，增强职工的使命感和责任感；团结一致、奋力拼搏理念，激发职工的斗志；精益求精、追求卓越理念，引导职工树立“细节决定成败”的意识；和谐相处理念，促进企业与职工、职工与职工之间的和谐。与此同时，小浪底建管局采取传唱局歌、组织大型文艺晚会、举办文体兴趣小组活动等丰富多彩的文化活动，增强职工的心理素质、健康素质和团队意识。这些措施的实施，统一了思想、凝聚了人心、稳定了队伍、鼓舞了斗志。充分发挥文化管理的导向、凝聚、激励作用，为创建和谐劳动关系赋予了精神动力。

三、今后努力方向

在取得成绩的同时，通过调研，发现小浪底建管局在创建和谐劳动关系方面也存在一些薄弱环节，这些薄弱环节是今后的努力方向。

（一）和谐劳动关系的创建方法需进一步创新

面对经济社会的不断发展，各项改革的不断深入，职工思想的活动性、多变性、差异性明显增强，新情况、新问题相对增多。和谐劳动关系的创建工作必须适应新形势的变化，积极探索新时期下创建和谐劳动关系的新方法，主动有效地做工作。

（二）工会组织的作用需进一步发挥

工会组织作为党联系职工群众的桥梁和纽带，作为劳动者利益的代表，应更好地发挥维护、参与、教育职能，在协调企业和职工之间的关系、代表职工与企业进行平等协商、督促企业保障职工的权益等方面发挥更大的作用，使劳动关系双方更好地实现“协商共谋、机制共建、效益共创、利益共享”。

（三）对短期合同制员工的管理机制需进一步探索

短期合同制员工约占小浪底建管局职工总数的2/3，他们在保证小浪底水利枢纽的安全稳定运行、促进企业和谐发展方面发挥着重要作用。但由于短期合同制员工来源点杂、分布面广、流动性大等原因，给维护其权益增加了一定的难度。2008年新劳动法即将实施，新劳动法对维护职工的权益提出了更高的要求，小浪底建管局应积极探索新劳动法要求下的短期合同工管理机制，积极保障短期合同制员工的各项权益。

牢固树立社会主义核心价值观
大力开展思想政治工作

□姜拥军　李文颖　李　敏

小浪底水利枢纽工程是治理开发黄河的战略性工程，具有防洪、防凌、减淤、供水、灌溉、发电等强大功能，是我国水利战线最早与国际接轨的工程。工程于1991年开工，1997年大河截流，2004年开始全面投入运用。16年来，小浪底建管局始终坚持以社会主义核心价值观为根本，大力开展思想政治工作，把思想政治工作作为工程建设和管理的生命线，用思想政治工作统一思想、凝聚人心、鼓舞斗志的巨大作用推动工程建设和枢纽管理工作，促进了各项任务的顺利完成和企业的和谐发展。小浪底建管局先后获得了“全国创建文明行业先进单位”、“全国思想政治工作优秀企业”、“全国五一劳动奖状”、“国家环境保护百佳工程”和“全国文明单位”等多项荣誉称号。现将小浪底建管局树立社会主义核心价值观，开展思想政治工作的基本做法归纳如下。

本文获2008年9月中国水利职工思想政治工作研究会第四学组会优秀思想政治工作研究成果二等奖。

一、加强组织领导，实行“牵引式管理”，健全思想政治工作网络

围绕社会主义核心价值体系开展思想政治工作离不开强有力的组织和领导。为此，局党委实行了“牵引式管理”，由领导带动群众、上级推动下级、上环节拉动下环节，形成一级抓一级、层层抓落实、级级求实效的良好工作机制。

局党委始终高度重视职工思想政治工作，自1991年建局以来，党委班子换了5届，但坚持做好职工思想政治工作的方针始终没有变，一任接着一任干，使思想政治工作成为了促进国际工程建设和管理的有力抓手，明确提出“思想政治工作也是生产力”。日常管理中，不仅抓生产、抓经营，更抓思想政治工作，把思想政治工作部署在规划内、体现在规章中、落实到责任上。在年度工作和职工代表大会、每月一次的局务会议、每季度一次的政工例会上，都将思想政治工作与党的建设工作、生产工作同时布置、同时强调、同时检查。

在局党委的高度重视和有力领导下，各级组织形成了切实重视思想政治工作，努力做好思想政治工作的良好氛围；形成了党委领导，各级行政逐级负责，专兼职政工干部和党团员骨干、党政工团齐抓共管，纵向到底、横向到边的网络型思想政治工作机制。健全的思想政治工作网络，使领导的重视成为了多数人的重视，领导的思想成为了全员的实际行动。

二、高举爱国主义旗帜，弘扬民族和时代精神，为工程建设和管理提供不竭的精神动力

小浪底工程是国际工程，要建好管好这一国际工程，在

外国人面前树立中国人的良好形象，必须用爱国主义精神激发广大建设者的自豪感、使命感，为工程建设提供不竭动力。高举爱国主义旗帜，弘扬民族精神，成为了工程建设期间小浪底建管局开展思想政治工作的重中之重。

（一）“艰苦奋斗，为国争光”的精神动力铸牢创业的基石

20世纪末的中国，改革的春潮涌动，但那时的小浪底，依然贫穷落后，交通极其不便，且地质地理条件都十分恶劣，要想在此建设大型水利工程，其艰苦程度是可想而知的。更大的难题是，由于国家财政困难，需向世界银行贷款，要通过多次严格的检查和评估，否则，小浪底前期工程就是竹篮打水一场空。

在艰难和困苦面前，局党委把“艰苦奋斗，为国争光”主题教育作为思想政治工作的重点，大力开展了“艰苦奋斗，谱写治黄新篇章”的主题教育活动。在“艰苦奋斗，为国争光”理念的引领下，小浪底人大干苦干两年，以“三年任务两年完成”的优秀业绩，通过了世界银行专家团15次严格检查和正式评估。

（二）“报效祖国，为祖国而战”的民族精神推动国际工程建设

1994年，就在工程赶工截流的关键时候，被寄予厚望的，有钱、有设备、有世界信奉的“菲迪克”条款的国际承包商，在突如其来的塌方面前，在恶劣的地质条件面前退却了，并无情地提出巨额索赔和推迟一年截流的要求。面对没有退路的严峻形势，小浪底人高举爱国主义旗帜，及时倡导“报效祖国，为祖国而战”的民族精神，发出了“确保截流是我们最大的爱国”的号召，开展了“在外国人面前，我们是中国人，在中国人面前，我们是小浪底人”的主题教育活动。在爱国主义精神的感召下，那些在主体工程国际招标中饱受“委屈”的各路中方水利建设者重新汇集到小浪底，迅速掀起了确保“九七截流”的赶工战役。小浪底建管局克服重重困难，顽强拼搏，以“中—外—中”夹心饼干式策略促进和推动外国承包商的工作，不可思议地抢回了被耽误的整整11个月的工期。当“九七截流”曙光在望的时刻，外国承包商欣然以中国方式，张贴了大红标语：“中德意联营体：1997年10月31日，就是这一天！”，传达了对截流目标的认同，对强烈爱国主义精神的认同。

（三）“坚持人民利益第一，维持黄河健康生命”的企业使命促使工程发挥巨大效益

2002年，小浪底工程基本建成，小浪底人马上又担负起了工程运行管理的艰巨任务和充分发挥工程综合效益的巨大期待。面对新的重任，局党委秉承和发扬改革创新的时代精神，明确提出了“坚持人民利益第一，最大限度地发挥枢纽的综合效益，维持黄河的健康生命”是最大的爱国，教育广大职工继续发扬工程建设期形成的爱国主义精神；开展了“声誉高了、荣誉多了，小浪底人怎么办”的大讨论，积极引导干部群众增强紧迫感、责任感和使命感；要求广大职工继续艰苦奋斗，顽强拼搏，不辱使命，再创佳绩，把爱国主义精神体现在小事上、反映在工作中；向广大职工不断灌输：发扬爱国主义精神、坚持人民利益第一的具体体现是管好小浪底工程，维持黄河的健康生命。2004年小浪底建管局将“维持黄河健康生命”作为了企业使命、作为了爱国主义在小浪底的具体体现，以企业使命凝聚人心，鼓舞斗志。

强烈的责任意识，高扬的爱国主义精神，再一次激发了小浪底人的斗志，促进了枢纽效益的发挥。自小浪底水利枢纽运行以来，黄河下游连年断流的现象得到遏止，并连续8年安全度过汛期；7次黄河调水调沙试验和运用，使黄河下游过水能力由1800立方米每秒增加到3700 立方米每秒；小浪底水利枢纽累计向下游供水1075亿立方米，为下游人民生活用水和工农业用水提供了可靠保障。

三、强化沟通交流，唱响和谐主旋律，营造工程建设和管理的良好氛围

20世纪90年代，随着我国改革开发的逐步深入和经济社会的快速发展，呼唤和谐、倡导和谐的种子已经开始萌动。2002年，党的十六大作出了全面建设惠及十几亿人口的更高水平的小康社会，使社会更加和谐的论断，全社会对和谐的认识不断深化，推动和谐社会建设的实践不断取得新成效。2006年，党的十六届六中全会更是作出了构建社会主义和谐社会的重大决定。倡导和谐精神、培育和谐理念已成为这个时代的主旋律，也成为了一种改革创新的时代精神。弘扬时代主旋律，促进职工与环境、职工与职工、职工自身的和谐成为了企业思想政治工作的重要内容。

小浪底建管局紧跟时代步伐，将促进职工与环境、职工与职工、职工自身和谐的思想政治工作重点放在了全方位沟通交流上，实现了以交流促和谐，以和谐促工作。

（一）心贴心——全工区交流，促进建设者融合

在小浪底工程建设高峰期，来自“两个五湖四海”的全工区建设者达1万多人，其中外商达760多人。加强建设者交流，凝聚建设者力量，促进建设者融合成为了思想政治工作的重点之一。为此，小浪底建管局建立了全工区党务联系会议制度、重大事项沟通制度；以“创建文明工地”为载体，实行两个文明建设统一部署、统一指导，强化沟通；创建了富有小浪底特色的思想政治工作的“中—外—中”模式，建立“责任上分，目标上合；岗位上分，思想上合；对外部

分，对内部合”的工作机制。这些措施，有力地促进了整个工区交流，使全体建设者心往一处想、劲往一处使，实现了大融合。

（二）面对面——开诚布公交流，促进干群关系融洽

面对面开诚布公地交流，是促进干群关系融洽的有力措施。为促进干群关系融洽，小浪底建管局一是建立了每半年一次的局领导与职工群众信息沟通交流会制度，将其作为上情下达、下情上达的重要渠道。会上，局领导对半年来的工作向全局职工进行通报，职工有意见当面提，有问题当面摆。这种“面对面”的沟通，缩短了干部与职工之间的距离，增加了办事和处理问题的透明度，密切了党政领导与广大职工的关系。二是建立了领导与职工分层次谈心制度。各级领导干部定期与分管部门负责人谈心、各分管部门负责人定期与部门职工谈心，各级领导之间也要定期谈心，通过谈心活动，大家坦诚相见，以心换心，达到互相提醒、互相帮助、增进了解、消除矛盾、加深感情的目的。三是建立了局长接待日制度，每月指定一天并提前在网上公布，由局主要领导接待来访职工。职工可以就自己关心的工作、生活等问题面对面向局领导反映，对反映的问题指定部门进行整理汇总，局领导班子研究解决后向本人反馈。这些措施进一步拉近了领导与职工间的距离，受到广大职工的称赞。

（三）背对背——广开言路，推进民主管理

虽然局里有“对话会”、“座谈会”、“局长接待日”等多种制度和渠道，可是当面提意见部分职工还是有些“难为情”。针对这些实际情况，小浪底建管局另辟蹊径，采取发放征求意见表，设立局长信箱、局长热线电话、电子意见箱等背对背的方式，广开言路，广泛征求意见。

背对背沟通，打消了职工的顾忌，职工更愿意说出自己的心里话，也便于领导了解真实的情况。随着沟通的深入，相互了解的加深，职工在意见和建议中很少提及个人生活待遇方面的问题，反映的大多是关系企业改革发展的全局性问题。这不仅反映了职工较高的素质和参政议政能力，也体现了职工对局领导班子的信任和强烈的主人翁责任感。

四、实施企业文化建设战略，发挥文化强有力的作用，拓展思想政治工作新平台

从工程建设伊始，小浪底建管局就以政治思想工作为生命线，以爱国主义为旗帜，以工程建设为熔炉，积极引导来自“五湖四海”的不同理念和文化在工区接轨、撞击并最终走向融合，解决了FIDIC国际条款无法解决的问题，在建成一流国际工程的同时，形成具有小浪底鲜明特色的工程建设文化。

2004年，小浪底建管局进一步加大文化建设力度，在对工程建设期形成的工程建设文化等进行系统总结和提炼的基础上，制定了《小浪底建管局企业文化规划》，形成了包括理念、行为和视觉识别等主要内容的新的企业文化体系，并分导入期、深化期、推广期、调整期四个阶段逐步推进。在推进过程中，注重发挥思想政治工作和企业文化的联动，开展传唱局歌、组织大型文艺晚会、组织文体兴趣小组活动等丰富多彩的文化活动，增强职工的综合素养和团队意识，引导职工不断增强使命感和责任感，为发挥枢纽综合效益，促进水利可持续发展作贡献。

五、几点思考

（1）围绕“方针”是前提。小浪底建管局在工程建设和枢纽运行管理的各个时期，思想政治工作都紧紧围绕社会主

义核心价值观进行开展，始于这一价值观的精心培育，终于这一价值观的维护、延续和创新，将这一价值观体现在思想政治工作的各个环节。我们体会到，始终坚持这一“方针”是小浪底建管局有效开展思想政治工作并能发挥巨大作用的前提。

(2) 结合实际是关键。以社会主义核心价值观为指导方针开展思想政治工作必须与企业的生产实际相结合。“艰苦奋斗，为国争光”，“报效祖国，为祖国而战”和“坚持人民利益第一，维持黄河健康生命”，“培育和谐理念”，“坚持以人为本”的理念，都是小浪底建管局根据当时工程建设和枢纽管理的实际而提出的。毋庸置疑，如果不结合生产任务的实际，小浪底建管局社会主义核心价值观的培育、思想政治工作的开展将成为空中楼阁，失去根基。

(3) 促进发展是目的。围绕社会主义核心价值观开展思想政治工作的根本目的是要促进企业健康持续发展，以服务于建设中国特色社会主义的伟大主题。因此，在开展思想政治工作时，要将发展的思路反映在思想政治工作的具体措施中，融合在企业的各项管理、生产、经营的具体工作中，体现在企业战略、运行机制、操作规范、行为规范、奖惩制度、人事制度中。

“黄河落天走东海，万里写入胸怀间。”今天的小浪底人正在认真贯彻党的十七大精神，以中央提出的科学发展观和水利部提出的治水新思路为指导，牢固树立社会主义核心价值观，继续开展具有小浪底特色的思想政治工作，以两个文明建设的丰硕成果推进各项事业可持续和谐发展。

爱国主义精神在企业文化建设中的生动体现

□刘红宝　杨　静　姜拥军

党的十六届六中全会作出了“社会主义核心价值体系是建设和谐文化的根本”的论断，这是党中央对社会主义核心价值观和和谐文化建设的本质进行认真分析后作出的科学结论，明确了社会主义核心价值观是文化建设的根本指导方针。社会主义核心价值体系包括马克思主义指导思想、中国特色社会主义共同理想、以爱国主义为核心的民族精神和以改革创新为核心的时代精神、社会主义荣辱观四个部分。其中马克思主义指导思想是文化建设的指导理论和灵魂，中国特色社会主义共同理想是文化建设的方向和目标，以爱国主义为核心的民族精神和以改革创新为核心的时代精神是文化建设的精髓和动力，社会主义荣辱观是文化建设的道德规范和行为准则。自小浪底工程开工以来，小浪底建管局始终以社会主义核心价值观为根本，大力推进企业文化建设，有力地推动了工程建设和枢纽效益的发挥。而在企业文化建设过

本文获2008年9月中国水利职工思想政治工作研究会第四学组会优秀思想政治工作研究成果二等奖。

程中，小浪底建管局根据国际工程的特点，重点抓住爱国主义精神这一精髓，以爱国主义精神为动力，统一思想、凝聚人心、推动工作。

一、“艰苦奋斗，为国争光”的价值理念筑牢创业的基石

小浪底前期工程是在国家经济较为紧张的时期上马的，工程部分利用世界银行的贷款进行建设，能否获得世界银行的贷款，在很大程度上取决于前期工程的进度和质量是否能通过世界银行专家十多次严格的检查。这是前期工程悬在人们心头的一桩沉重的心事。

1991年9月，前期工程开工。小浪底建管局党委着手“艰苦奋斗，为国争光”的理念建设，拉开了小浪底建管局工程文化建设的序幕。

在短短的几个月内，来自全国的22支施工队伍，上万人马，蜂拥而至，云集小浪底。当时生活工作条件十分艰苦，没有住处，就住窑洞，搭工棚，夜宿荒山野岭；没有吃的，就一日三餐吃方便面；没有水，就借老乡的牛车到山下黄河里取水；没有电，就用墨水瓶自制煤油灯，照亮漫漫长夜；小浪底的第一个钻孔就是在一只手电筒的昏暗光线下开钻的……业主、监理和中国承包商，“三架马车”并驾齐驱。他们的日历上没有星期天、节假日，每天都挑灯夜战，一天工作十几个小时，超负荷运转，立誓一定要以高质量和高速度拿下前期工程，让世界银行的官员看看中国人的能耐——这就是前期工程小浪底形成的价值理念。

在“艰苦奋斗，为国争光”理念的引领下，小浪底人大干苦干两年，以“三年任务两年完成”的优秀业绩，通过了世界银行专家团15次严格检查和正式评估。毋庸置疑，如果没有“艰苦奋斗，为国争光”价值理念的支撑，40年来几代

治黄人的梦想难以变成现实。

二、“报效祖国，为祖国而战”的爱国主义精神推动国际工程建设

小浪底工程建设的好坏直接关系着黄河治理的成败，关系着中国在国际上的声誉。把工程建设好，在外国人面前树立中国人的形象，给党和人民一个满意的答卷是小浪底人的崇高使命。崇高的使命更需要崇高精神的引领、高尚文化的支撑。

1994年9月，小浪底主体工程顺利开工，但就在工程赶工截流的关键时候，被我们寄予厚望的，有钱、有设备、有世界信奉的“菲迪克”条款的国际承包商，在突如其来的塌方面前，在恶劣的地质条件面前退却了，并无情地提出巨额索赔和推迟一年截流的要求。面对没有退路的严峻形势，小浪底人高举爱国主义旗帜，倡导了“报效祖国，为祖国而战”的爱国精神，发出了“确保截流是我们最大的爱国”、“在外国人面前，我们是中国人”，“既当主人，又当小工，为祖国争光”的号召。同时不失时机地组织业主、设计、监理和中方分包商召开截流动员大会，层层发动，从而激发起中国建设者高昂的爱国主义精神。在这种精神的感召下，那些在主体工程国际招标中饱受“委屈”的各路中方水利建设者唱着“咱们工人有力量”重新汇集到小浪底，“报效祖国，为祖国而战”，群情激昂，开始了长达22个月艰苦卓绝的确保“九七截流”的赶工战役。他们克服重重困难，顽强拼搏，力挽狂澜，以“中—外—中”夹心饼干式策略促进和推动外国承包商的工作，不可思议地抢回了被耽误的整整11个月的工期。当“九七截流”曙光在望的时刻，外国承包商欣然以中国方式，张贴了大红标语：“中德意联营体：1997年10月

31日，就是这一天！”，传达了对截流目标的认同，对强烈爱国主义精神的认同。

这一战让小浪底扬眉吐气，这一战让外国承包商交口称赞。在这场波澜壮阔的战役中，正是小浪底人倡导的“报效祖国，为祖国而战”的爱国主义精神的感召，有力地推动了国际工程建设，取得工期提前、投资节约、质量优良的巨大成就。

三、“维持黄河健康生命”的企业使命促使水利枢纽发挥巨大的综合效益

“艰苦奋斗，为国争光”，“报效祖国，为祖国而战”是小浪底人根据当时工程建设的需要提出的文化理念，体现了小浪底人坚定的社会主义信念和强烈的以爱国主义为核心的民族精神，是小浪底特有的工程建设文化。但这很不规范，很不系统，仍是在探索中前进。为此，2004年，小浪底建管局利用6个多月时间，对工程建设期形成的工程建设文化进行系统的总结和提炼；对企业发展现状、队伍状况等进行全方位的诊断，对影响企业发展的内外部环境和因素进行系统的分析；对企业未来发展方向和重点领域进行规划与定位。在此基础上，经过认真研究，制定了《小浪底建管局企业文化规划》，形成了以理念、行为和视觉识别等为主要内容的新的企业文化体系。新的企业文化体系是在吸纳工程建设期已有文化体系的基础上形成的，是小浪底建管局文化建设工作的行动纲领和指南。

“维持黄河健康生命”是全体治黄人的战略共识和奋斗目标，小浪底水利枢纽具有防洪、防凌、减淤、灌溉、供水和发电等综合功能，作为开发和治理黄河的战略性工程，“维持黄河健康生命”是小浪底人责无旁贷的社会责任和光

荣而崇高的历史使命。基于此，小浪底建管局在构建新的企业文化体系时，将“维持黄河健康生命”定为整个文化体系最核心的理念——企业使命，用其统领全局企业文化建设工作。

“维持黄河健康生命”是小浪底人对党和人民高度负责的体现，是新时期小浪底人将爱国主义精神体现在工作中的最好诠释，是小浪底人最大的爱国。

为把“维持黄河健康生命”的企业使命落到实处，小浪底建管局着重倡导了四种理念：一是强化民生工程理念。民生水利是可持续发展水利的本质特征。教育广大职工充分认识到小浪底水利枢纽和西霞院反调节水库的运行管理事关黄河治理开发大局，事关黄河下游地区经济社会发展，是在构建和谐社会中关系民生的重要工程，一切工作都以管理好民生工程为根本出发点和归宿。二是安全第一理念。教育广大职工充分认识到小浪底水利枢纽的安全运行直接关系着黄河下游几千万人民的生命和财产安全，响亮提出了“安全是一切工作重中之重”的口号，并采取“质量、安全”双达标、大坝安全会商、签订安全目标责任状等措施予以贯彻。三是公益性优先理念。教育广大职工增强责任意识，树立大局观念，做到电调服从水调、局部利益服从整体利益、企业利益服从国家利益，充分发挥小浪底水利枢纽在经济社会发展中的公益性效益。四是和谐文化理念。积极倡导人与自然的和谐，与上级及地方各单位的和谐，企业发展与职工要求的和谐，职工之间的和谐以及职工的自我和谐。

几年来，以“维持黄河健康生命”为统领的企业文化，发挥了巨大的文化力作用，有力地促进了枢纽综合效益的发挥。通过科学管理、合理调度，使黄河下游连年断流的现象得到遏止，并连续9年安全度过汛期；成功完成了连续9年的黄河调水调沙，使黄河下游过水能力由1800立方米每秒增加到近4000立方米每秒；向下游累计供水1640多亿立方米，引黄济青、引黄济津、引黄济淀，为下游人民生活用水和工农业用水提供了可靠保障；充分发挥枢纽的发电功能，为华中电网提供了清洁能源；克服了软基处理、土工膜铺设等多项技术难题，使小浪底水利枢纽配套工程——西霞院反调节水库工程各项建设目标顺利完成。小浪底建管局的各项工作也得到国家和社会的认可，先后获得“全国优秀水利企业”、“全国五一劳动奖状”、“全国文明单位”等多项荣誉称号。

四、几点思考

（一）爱国主义精神是企业文化建设的精髓和动力

爱国主义精神是指人们对自己祖国的忠诚和热爱，是千百年来巩固起来的对自己祖国的一种最深厚的感情，是民族精神的核心，是推动国家社会前进的一种巨大精神力量。历史上没有哪一个对社会进步作出了积极贡献的历史人物，没有哪一桩对国家发展产生积极影响的历史事件，不是在爱国主义精神的鼓舞下产生的，不体现出爱国主义的精神价值。爱国主义具有强大的精神动力。企业是社会的细胞，企业文化建设是社会和谐文化建设的重要组成部分。推进企业文化建设需要这种强大的精神动力。小浪底建管局在企业文化建设中，始终弘扬爱国主义精神，有力推进了工程建设的进展和枢纽综合效益的发挥。

（二）企业文化建设要根据不同的工作任务确定爱国主义精神的不同内容

爱国主义是一个历史范畴，在社会发展的不同阶段、不同时期，在不同的历史条件下，有着不同的具体内容。在革命时期，爱国主义表现为争取民族解放和国家独立；在建设时期，爱国主义表现为为建设社会主义强国作贡献。小浪底建管局的工程建设文化，在前期工程阶段，倡导了“艰苦奋斗，为国争光”的爱国主义精神；在主体工程阶段中，倡导了“报效祖国，为祖国而战”的爱国主义精神；在投入运行以来的系统企业文化建设中，倡导了以“维持黄河健康生命”为主的爱国主义精神。各阶段都针对了当时面临的任务和工作性质，都符合了当时的实际需要。

（三）以爱国主义精神为精髓和动力开展企业文化建设的关键是要选好载体

爱国主义是一种精神，是一个抽象的概念，要把爱国主义精神这种精髓和动力体现到企业文化建设的方方面面，关键是要选好载体。小浪底建管局不但根据不同时期的工作任务，倡导了不同的爱国主义理念，同时选择了很多好的载体，使爱国主义体现在工程建设和运行管理的各项管理、生产的具体工作中，衔接在各个工作环节和部门之中，体现在运行机制、操作规范、行为规范、奖惩制度、人事制度之中，促进爱国主义精神的“落地”。如在工程建设期，建设了爱国主义教育基地专用于爱国主义培训，每月月初风雨无阻地集中建设者举行升国旗仪式，召开全工区党务联席会进行爱国主义教育等；投入运行以来，下大力气打造了爱国主义展厅，修建了工程雕塑广场和工程文化广场，倡导和贯彻了四种理念等。这些措施有力地促进了爱国主义精神在小浪底“落地”。

（四）以爱国主义精神为精髓和动力的企业文化建设需要稳步推进、逐步完善

以爱国主义精神为精髓和动力的企业文化建设是一个长期的过程，需要持之以恒，常抓不懈，由浅入深，稳步推进。小浪底建管局在工程建设期形成的以爱国主义精神为精髓和动力的工程建设文化不规范、不系统，仍处于探索阶段。2004年以来形成的系统的企业文化体系，是对工程建设文化的提炼和升华，并结合了运行管理期的工作任务要求。新的文化体系将爱国主义精神提高到了新的境界和高度，但其仍是一个开放的体系，仍需要不断的总结和完善，需要不断的创新和提高。

企业文化建设的实践与思考

□柯明星　姜拥军　张菊敏

党的十六届六中全会站在时代的高度，明确提出了建设和谐文化是构建社会主义和谐社会的重要任务这一论断。这是我们党对文化建设的新认识，充分说明了文化建设的重要性。

小浪底水利枢纽是治理开发黄河的战略性工程。作为小浪底水利枢纽的建设管理单位，小浪底建管局十分注重企业文化建设，尤其是2004年以来，进一步加大了企业文化建设力度，充分发挥企业文化强有力的作用，促进了各项工作的顺利完成和企业的和谐发展。

借此机会，将小浪底建管局企业文化建设的一些具体做法和实践进行总结与交流，以求共同探讨和相互借鉴。

一、大力推进企业文化建设是小浪底建管局持续发展的必然要求

企业文化是企业在长期生产经营管理中形成的管理思想、管理方法、群体意识和行为规范的总和，主要内容包括企业

本文获2008年9月中国水利职工思想政治工作研究会第四学组会优秀思想政治工作研究成果二等奖。

使命、企业价值观、企业精神、企业道德、企业形象等，是一门以人为中心的管理科学，具有导向、凝聚、激励、约束等作用。

先进的企业文化是企业持续发展的精神支柱和动力源泉，是建设高素质职工队伍、促进人的全面发展的必然选择，也是企业提高管理水平、增强凝聚力和打造核心竞争力的战略举措。杰出而成功的企业必然具有强有力的企业文化。

小浪底水利枢纽是世界上具有挑战性的工程之一。建设小浪底水利枢纽不仅需要先进的技术和管理，更需要先进的文化做支撑。在工程建设期间，小浪底建管局针对当时条件艰苦、任务繁重以及全方位与国际接轨的特点，大力弘扬以艰苦奋斗、爱国主义为核心的企业精神，响亮提出了“两个五湖四海”，“在外国人面前我们是中国人，在中国人面前我们是小浪底人”等口号，极大地促进了工程进展，取得了工期提前、投资节约、质量优良的巨大成就。主体工程结束后，小浪底建管局中心任务全面转向枢纽的运行管理，新形势、新任务，需要什么样的文化做支撑，成为了小浪底人不得不认真思索和解决的问题。同时，小浪底建管局经过十多年的工程建设和运行管理，物质文明和精神文明都取得了丰硕成果，职工对精神文化的需求也提出了更高的要求。广大职工求知、求美、求和谐发展的愿望越来越强烈，迫切希望通过企业文化建设，创造出更加健康有益的文化产品。

形势的发展、企业的需求、职工的愿望要求小浪底建管局进一步加大企业文化建设力度，大力推进企业文化建设成为小浪底建管局持续发展的必然选择。

二、企业文化建设的具体实践

（一）凝练、提升工程建设文化，构建符合小浪底建管局发展实际需要的新的文化体系

2004年，小浪底建管局新一届领导班子上任，新班子从进一步发挥枢纽的社会经济效益出发，从小浪底建管局的长远可持续发展出发，很快就进一步推进企业文化建设问题达成共识，决定从系统构建符合小浪底建管局运营管理期的企业文化体系入手，全面实施新的企业文化建设战略，并聘请了专业公司提供咨询和指导。

根据专业公司的指导，从2004年9月开始，小浪底建管局利用6个多月时间，对工程建设期形成的工程建设文化进行系统的总结和提炼；对企业发展现状、队伍状况等进行全方位的诊断，对影响企业发展的内外部环境和因素进行系统的分析；对企业未来发展方向和重点领域进行规划和定位。在此基础上，经过认真研究，制定了《小浪底建管局企业文化规划》，包括“分析研究报告”、“文化纲要”、“VI系统及使用规范”、“行动纲要”和“制度修订建议”五部分，形成了包括理念、行为和视觉识别等主要内容的新的企业文化体系。新的企业文化体系是在吸纳工程建设期已有文化体系的基础上，按照市场经济、企业运作的思维模式提出的适应运营管理期发展需要的价值观体系，是小浪底建管局文化建设工作的行动纲领和指南。

按照《小浪底建管局企业文化规划》的总体部署，小浪底建管局企业文化建设分导入期、深化期、推广期、调整期四个阶段分步推进，在不同的阶段，再进一步制定详细的落实方案，包括活动的主题、开展的时间、采取的形式、主办的部门等，并逐项进行监督检查，确保各项工作的落实。目

前，小浪底建管局企业文化建设导入期的各项工作已基本完成，正全面转入深化期。

（二）以培育企业文化理念为核心，结合工作实际，贯彻落实企业文化规划

理念是企业文化的核心内容，也是企业文化建设的重点。3年来，小浪底建管局紧紧抓住这一重点，以培育企业文化理念为核心，结合工作实际，大力推进企业文化规划的贯彻落实。

1. 牢记企业使命，继续谱写治理黄河新篇章

“维持黄河健康生命”是全体治黄人的战略共识和奋斗目标，小浪底水利枢纽具有防洪、防凌、减淤、灌溉、供水和发电等综合功能，作为治理和开发黄河的战略性工程，“维持黄河健康生命”是小浪底人责无旁贷的社会责任和光荣而崇高的历史使命。基于此，小浪底建管局在构建新的企业文化体系时，将“维持黄河健康生命，谋求企业持续发展”定为整个文化体系最核心的理念——企业使命，用其统领全局企业文化建设工作。

几年来，我们一直将这一使命作为全局工作的出发点和落脚点，在思想政治工作和舆论宣传中进行强化，要求职工牢记企业使命，增强责任意识，树立大局观念，电调服从水调，局部利益服从整体利益，企业利益服从国家利益，充分发挥小浪底水利枢纽在经济社会发展中的重要作用。

如今，发挥小浪底水利枢纽的社会效益、维持黄河健康生命的理念已深入人心。自小浪底水利枢纽运行以来，黄河下游连年断流的现象得到遏止，并连续7年安全度过汛期；5次黄河调水调沙试验和运用，使黄河下游过水能力由1800立方米每秒增加到3700立方米每秒；小浪底水利枢纽累计向下游供水1075亿立方米，为下游人民生活用水和工农业用水提

供了可靠保障。

2. 强化安全意识，确保枢纽安全运行

安全文化是企业文化的重要内容。小浪底水利枢纽的安全运行直接关系着黄河下游几千万人民的生命和财产安全，关系着黄河治理的大局。小浪底人必须加强安全文化建设。

面对重任，小浪底建管局始终把安全工作放到各项工作的首位，响亮提出了“安全是各项工作中的重中之重”的口号，并把这种理念的培育落实到日常工作的每一个环节：成立了局长挂帅的安全委员会，在主要部门建立了专职安全员制度；每年工作会的局长报告都将安全工作作为第一任务进行部署；每年召开安全工作会议，与各部门签订安全目标责任状；印发《安全生产管理规定》，规范安全行为；定期进行安全大检查、安全知识培训和安全规程考试；实施大坝安全会商制度；在水利系统首家开展安全、文明生产“双达标”活动，并顺利通过验收。这些措施的实施，极大提高了职工的安全意识，“让安全成为习惯”已成为职工的自觉行动，确保了枢纽的安全运行、效益的发挥。2006年7月1日，河南电网发生系统震荡，小浪底建管局紧急启动安全应急预案，迅速反应、果断处置，为防止电网瓦解和恢复电网正常工作状态作出了重大贡献，受到华中电网、河南省电力公司和河南省直工委的表彰。

3. 倡导和谐理念，促进企业和谐发展

统筹处理好人与自然的和谐、企业发展与社会发展的和谐、人与人之间的和谐是小浪底建管局倡导和谐理念、建设和谐文化、促进和谐发展的主要内容。

小浪底建管局积极做好工程水利向和谐水利的转变，科学管理和运用，最大限度提高水资源综合利用效率；合理调度，始终保障黄河下游生态、生活和工农业用水；利用小浪底水库强大的库容，积极探索洪水资源化利用；加大水土保持综合治理力度，绿化美化工区。如今，黄河中下游生态系统正逐步得到改善。

针对小浪底建管局兼具水利行业和电力企业职能的特点以及中央驻豫单位的性质，小浪底建管局通过各种途径加强对外宣传和沟通交流，积极处理好与水利系统各部门、电力企业有关单位、地方各级政府等各方面的关系，为企业发展创造了和谐的外部环境，实现了水利事业发展、服务地方经济、促进全局发展的有机统一。

小浪底建管局加大思想政治工作力度，积极倡导诚信、互助、友爱的人际关系；建立重大事项征求意见制度、信息沟通交流制度、局长接待日制度等，加强内部沟通和交流；始终关心职工的个人发展和生活改善，积极为职工个人成长搭建平台、创造条件；注重加强人文关怀和心理疏导，引导职工正确对待利益得失，保持积极向上的心态。这些举措极大地提高了企业的凝聚力，营造了人与人团结协作、和谐共处的良好氛围。

4. 树立人本观念，实施“人才强局”战略

企业文化也是生产力。人是生产力中最具有决定性的因素，加强企业文化建设，必须大力推进人才队伍建设。

2004年，小浪底建管局提出了“人才强局”战略，召开了建局以来第一次全员参加的人才工作会议，对人才开发工作进行了全面规划和部署。近3年来，小浪底建管局全面落实会议精神，采取了很多有力措施：设立人才开发基金，用于人力资源开发、培养和引进高层次人才，奖励优秀人才；评选了5名专业技术拔尖人才和23名优秀专业技术人员，给予大力表彰，公开选拔了51名专业技术干部，给予技术津贴，并实行动态管理；在水利系统率先开展了岗位和知识能

力体系建设，将全局工作岗位归类为56个专业，每个专业由牵头单位负责集中购买教材和组织学习，年底进行闭卷考试；开展了创建学习型组织建设活动，制定了详细的实施规划，引导职工养成终身学习的习惯。这些措施为人才成长搭建了平台，使职工干事有舞台，奉献有成就，发展有空间。如今全局尊重知识、尊重人才、尊重创造的氛围更加浓厚，职工自主学习、岗位成才已蔚然成风，一批年轻的干部正茁壮成长。

5. 发扬追求卓越的企业精神，推行“精细化”管理

管理是企业永恒的主题。为把企业的管理水平提高到更高层次，小浪底建管局利用企业文化建设的契机，发扬“追求卓越”的企业精神，大力推行“精细化”管理。

2004年，小浪底建管局对以往的规章制度进行了全面整理与修订，将涉及企业管理各方面的180多项制度编印成册，发到每一位职工手里，并组织了全局性制度知识考试；随后的两年里，小浪底建管局又根据工作需要制定了100多项新的制度，全部放到局内部网络上，供职工学习。这些规章和制度，基本涵盖了全局工作的各个环节和步骤，成为小浪底人的“行为准则”和企业“精细化”管理的硬性规范。

在制定“精细化”管理制度的同时，小浪底建管局大力推进制度的贯彻落实。在思想上，大力宣传“精细化”管理的重要性，教育和引导广大职工牢固树立细节决定成败的意识，以精益求精、追求卓越的精神对待各项工作。在具体工作中，一方面要求各部门不折不扣地按制度规定执行，做到不变形不走样；另一方面不断加大监督检查力度，对部门工作定期进行绩效考核，建立督查督办制度，并严格实行责任追究。这些措施，有力地保证了各项规章制度的贯彻落实，促进了“精细化”管理目标的推进和实现。

经过近3年的努力，小浪底建管局企业文化建设已初显成效。枢纽安全稳定运行并发挥了巨大的综合效益，各级领导干部整体素质明显提升，职工精神面貌更加积极向上，外部环境更加和谐，内部管理更加规范，各项事业呈现出和谐发展的良好态势。小浪底建管局的各项工作也得到国家和社会的认可，先后获得“全国优秀水利企业”、“全国五一劳动奖状”、“全国文明单位”等多项荣誉称号。

三、开展企业文化建设的思考

（1）领导重视，全员参与是基础。企业文化既是领导文化，又是全员文化，所有职工都是企业文化建设的主体。企业文化在建设和推广中，只有做到领导重视、全员参与，才能使企业文化的理念、行为规范得到全体职工的认同，成为全体职工内在的修养、外在的风度和行为的准则。

（2）务求实效，促进发展是根本。企业文化不仅是一种意识形态，要抓好落实，必须融合在企业的各项管理、生产、经营的具体工作中，必须衔接在各个工作环节和部门之中，必须体现在企业战略、运行机制、操作规范、行为规范、奖惩制度、人事制度之中，而且要严格执行，务求实效。

（3）持之以恒，稳步推进是必然。企业文化是企业在生产过程中形成的思想理念和行为规范，这种理念和行为的形成是一个长期的过程，需要持之以恒，常抓不懈，由浅入深，稳步推进。

拓展思想政治工作平台
建设标准化党支部活动阵地

□李　敏　李文颖

思想政治工作是经济工作和其他一切工作的生命线，它不仅是我们党的政治优势和传统法宝，而且是小浪底建管局在十几年的工程建设管理和企业改革发展的实际工作中得出的宝贵经验。2007年，小浪底建管局党委及时总结经验，通过实施构建党支部活动室这一思想政治工作阵地，拓展了思想政治工作新载体，取得了较好成效。

一、实施背景

进入2006年后，随着小浪底水利枢纽运行任务的加重和西霞院工程建设的逐步完工，全局工作重心转移到“建管并重，增强多元化发展”上，改革发展的任务非常艰巨。如何在这改革发展的关键时期，进一步统一思想，凝聚力量，保证各项任务的顺利完成，成为摆在小浪底人面前的一个重要挑战。

面对挑战，小浪底人想到了思想政治工作这个法宝。自

本文获2008年12月中国水利职工思想政治工作研究会创新案例一等奖。

小浪底工程开工建设以来，思想政治工作一直是小浪底工程建设期、枢纽运行管理期的生命线，是各项任务顺利完成的政治和思想保证。要战胜这个挑战，必须进一步加强思想政治工作。

思想政治工作是一项复杂的系统工程，需要点面结合、软硬件配套、方法模式综合等的相互配合、共同应用。其中，便利的、系统的、规范的、标准化的硬件是思想政治工作的基本条件之一，对做好思想政治工作具有很好的促进作用。于是，小浪底建管局经过认真调研和研究，决定在全局各党支部开展标准化党支部活动阵地建设。

二、主要做法

（一）局党委统一标准和要求

在党支部活动室建设中，局党委紧密结合改革与发展的实际，明确了强化功能、发挥作用、营造氛围的目的，制定了活动室建设实施方案，专门印发《关于开展活动室建设的通知》，提出基本要求：

（1）配备桌椅、报刊、杂志、图书；

（2）安装电视、DVD播放机等现代化电教化设备；

（3）做到党旗党徽、入党誓词、组织机构、工作职责、荣誉证书“五上墙”。

（二）各党支部自行筹建和管理

各党支部按照局党委的主要精神和标准，结合本党支部的工作性质、办公场地、党员数量等方面的实际情况，确定活动阵地的场所，规划设计筹建活动阵地。截至2008年6月30日，各党支部基本完成活动阵地建设。建设的布局各有特色、简洁实用。活动阵地都有完整的电教系统，都做到了“五上墙”，都有专门的阅览学习场所，全局便利的、系统的、规范的、标准化的党支部活动阵地基本形成。

活动阵地建成后，各党支部按照局党委的要求，自行管理。原则上由专人负责，主要工作是及时更新有关信息、电教器材维护和使用等；各党支部的政治学习、组织生活、文化培训等方面的工作都在党支部活动室进行。

三、作用和成效

（一）为党员活动提供了便利场所

目前，各党支部利用活动室良好的学习环境、现代化的电教设备、丰富的信息资料，积极开展理论学习、“三会一课”、专题辅导、知识讲座、思想交流、专题论坛等活动，为党员活动提供了便利的场所。

（二）增强了党员的责任意识

党的旗帜、党员权利义务、入党誓词、支部岗位职责、组织网络、奖励荣誉等都规划在了显著的位置，当党员进入活动室时，有一种庄重、神圣的感觉，起到了洗涤思想、净化灵魂的作用，有效地增强了党员的责任感和使命感。

（三）营造了健康向上的和谐氛围

各党支部以支部活动室为阵地，结合全局的企业文化建设和精神文明建设，拓宽思想政治工作渠道，经常在支部活动室开展党员干部、职工喜闻乐见的文化娱乐活动、纪念活动和庆祝活动。如利用活动室开展文化论坛活动、读书活动、文体兴趣小组培训活动、卡拉OK活动、棋类比赛活动、法律咨询活动等，不断弘扬企业文化精神，丰富职工文化生活，提高职工文明素养，让思想政治工作同健康向上、生动活泼、丰富多彩的文体活动对接，寓教于乐，逐渐营造出各党支部团结协作、健康向上的和谐氛围。

党支部活动室正逐步成为全局党员群众政治学习的中

心、思想教育的阵地、传授知识的课堂、参政议事的场所，以及弘扬党的先进性和示范性、增强凝聚力的窗口，促进了党的组织生活和思想政治工作的经常化、规范化、制度化，增强了党员群众对党组织的归属感和认同感，调动和激发了广大党员工作的积极性、主动性、创造性，党组织的凝聚力、战斗力得到了有效增强。目前，全局职工思想统一、力量凝聚，小浪底水利枢纽运行管理良好，各项工作正稳步推进，企业的改革发展迈上了新台阶，“全国文明单位”的重新申报工作进展顺利。

“三个一”主题教育活动的设计与实施

□张善臣　柯明星　李　敏

为进一步加强思想政治工作，巩固精神文明建设成果，小浪底建管局于2008年4月开始，以党支部为单位，集中开展了“一个党员干部一面旗帜、一个党员一个榜样，一个职工一个形象”（以下简称“三个一”）主题教育活动，并收到良好效果，思想政治工作迈上了新台阶。

一、活动背景

在小浪底工程建设期间，全体建设者按照“建设一流工程，总结一流经验，培养一流人才”的目标，充分发扬“认真、负责、求实”的水利精神，始终将思想政治工作作为工程建设的生命线，经过十多年的艰苦奋斗、顽强拼搏，取得了工期提前、质量优良、投资节约的巨大成绩，同时小浪底建管局也连续获得了“全国五一劳动奖状”、“全国精神文明建设创建工作先进单位”、“全国文明单位”等荣誉称号。

2008年是小浪底建管局发展改革中非常关键的一年，局

本文获2008年12月中国水利职工思想政治工作研究会创新案例三等奖。

的中心任务由工程建设转到了“建管并重，增强多元化发展”的轨道上，开展深入学习实践科学发展观活动、贯彻水利部党组可持续发展治水思路、做好小浪底工程竣工验收的各项工作、保证枢纽安全稳定运行、最大限度发挥枢纽综合效益、推进企业科学和谐发展等的任务十分艰巨。同时，根据中央文明委规定，全国文明单位每三年评选表彰一次，每届期满后，获得荣誉称号的单位须重新参加申报和评选，连续三届保持荣誉称号的，中央文明委将授予“全国文明单位标兵”的荣誉称号。小浪底建管局“全国文明单位”荣誉称号是2005年获得的，到2008年刚好3年，必须重新申报和评选。以上两点，迫切要求小浪底建管局提升党员干部、职工的思想政治素质，统一党员干部、职工的思想，发挥党员干部、职工的模范带头作用以及广大职工的主人翁精神，培养党员干部、职工良好的职业道德、社会公德、家庭美德，切实提高党员干部、职工的文明程度，增强党员干部、职工的向心力、凝聚力和战斗力，以统一思想、凝聚力量，强化思想政治工作和精神文明建设，保证年度工作任务的顺利完成和“全国文明单位”审核的顺利通过。

为此，局党委经过认真慎重地研究，决定在全局开展“三个一”主题教育活动。

二、主要做法

正确认识新形势下的思想政治工作，是做好思想政治工作的首要前提。做好新时期思想政治工作既要坚持方针原则、坚持统筹兼顾，又要适应当今社会多元化的发展趋势。“三个一”主题教育活动由局党委根据新时期党的方针政策统一规划部署，坚持统筹兼顾，认真结合单位的需求和职工的愿望，将活动主要定位在解放思想、解决问题的主题上，并与河南省开展的“新解放、新跨越、新崛起”活动相结合，与深入学习实践科学发展观活动相结合，同时分学习动员、查找问题、整改提高、制定指导标准及长效机制四个阶段来实施。方案确定后，局党委通过局务会、政工例会等多种形式进行动员部署、指导检查，各党支部按照局党委的统一安排组织实施，全过程注重做到“四个结合”。

（一）学习动员阶段，做到传承与创新相结合

“三个一”活动在第一阶段呈现出领导重视、动员充分、主题鲜明、注重创新等特点。为使活动顺利开展，起好头、迈好步，各党支部制定了详细的活动方案，进行了广泛动员。在学习动员形式上，做到传承与创新相结合，在采取中心组学习、单位脱产培训和个人自学“三位一体”的传统学习模式的基础上，创新地组织“四学”，即“专家教授辅导学、先进事迹灵活学、网络平台促进学、讨论交流深入学”。整个过程领导带头示范学、围绕主题深刻学、带着问题深入学、结合实际灵活学、统筹兼顾认真学，主要学习了《中国共产党章程》、中国特色社会主义理论体系及全国文明单位标准等内容，提高了广大党员干部、职工的思想政治素质。在这一阶段，局党委还适时向全局职工征集“小浪底故事”，并拟汇编成册，通过回顾与重温传承小浪底的优良传统；有的党支部开展“共读一本书”活动，组建网络论坛等，丰富学习形式。

（二）查找问题阶段，做到解放思想与解决问题相结合

2008年7月至8月，河南省委在全省范围内集中开展了“新解放、新跨越、新崛起”解放思想大讨论活动，小浪底建管局作为中央驻豫单位，也全程参与了该项活动。同时，按照党中央、水利部的要求，小浪底建管局于后半年组织开展了深入学习实践科学发展观活动。局党委抓住这一有利时机，将“三个一”活动分别与两个活动进行充分融合，相互促进，共同提高。主要是按照两个活动的要求，分别召开不同层次的座谈会、解放思想讨论会、意见征求会、专题民主生活会、党员组织生活会等，深入查找本支部和个人在“三个一”方面存在的突出问题，重点是思想素质、待人接物、言行举止、诚信礼仪、环境卫生、厉行节约等方面的问题，把解放思想与解决实际问题结合起来。如有的党支部在郑州办公区和生活区组织广大党员干部、职工集中开展打扫卫生活动；有的党支部领导主动赴一线倾听心声，查找存在的问题；有的党支部发放调研提纲，总结存在的问题。通过解放思想与解决问题相结合，集中查找了文明素养、思想观念、示范带动三个方面存在的突出问题。

（三）整改提高阶段，做到见实效与出成果相结合

开展“三个一”活动，目的就是见实效与出成果。在整改提高阶段，针对查找出来的突出问题，按轻重缓急和难易程度，分党支部、职工个人两个层次制定整改措施。整改措施要求切实可行、易于操作，内容包括整改落实的目标、方式、时限和分管领导、分管部门、责任人，整个整改措施采取适当方式向党员、群众公布，接收监督。全局各单位各部门严格按照制定的整改措施进行整改，形成了一级抓一级、层层抓落实的局面，收到了很好效果。局团委针对查找出的青年职工在勤俭节约方面存在的问题，开展了“节约从我做起”活动；有的党支部针对办公、环境等方面存在的问题，继续开展了局党委一直倡导的“文明办公、文明环境、文明行为、文明家庭”活动；纪检监察部门开展了“廉政在我身边”活动。

（四）建立机制阶段，做到立足当前与着眼长远相结合

思想政治工作是项系统工程，要保证思想政治工作正常、有序、一以贯之的运转，最重要的就是建立健全与发展社会主义市场经济相适应的思想政治工作领导、管理、运行机制。通过“三个一”活动的开展，局党委将一些好的经验、好的做法以制度的形式予以固定，根据查找出的突出问题，逐个分析原因，举一反三，既从解决好当前全局发展的突出问题入手，更充分考虑今后较长一个时期影响发展的新情况、新问题，建立健全预防和解决这些问题的规章制度，进而形成相应的长效机制，确保活动影响更深远，使思想政治工作更具有感召力和渗透力。

三、初步成效

开展“三个一”活动的目的是通过发挥党员干部、党员和职工的模范带头作用及主人翁精神，继承和发扬思想政治工作的优良传统，切实把思想政治工作贯穿于党员干部、职工工作和生活的每个领域，保证各项工作任务的顺利完成和“全国文明单位”审核的顺利通过。“三个一”活动的顺利开展，让干部职工切实感受到活动带来的变化。

（一）职工素质普遍提高

“三个一”活动的开展，促进了小浪底建管局思想政治工作和精神文明建设，党员干部、职工的思想政治素质进一步提高，文明素质进一步加强，模范带头作用进一步发挥，主人翁精神进一步激发，职业道德、社会公德、家庭美德进一步弘扬。

如今的小浪底职工学习更加勤奋刻苦，思想更加积极向上，精神更加奋发饱满，作风更加求真务实，管理更加严格有序，工作更加爱岗敬业，劳动关系更加和谐稳定。

（二）榜样作用潜移默化

活动期间，恰逢四川汶川发生强烈地震。灾情发生后，局党委立即结合正在开展的“三个一”活动，组织全体干部职工围绕“在抗震救灾活动中我们应该怎样做”展开讨论，并及时向灾区群众伸出援助之手，共捐款114万元，人均2000多元。

受水利部委托，局党委副书记、副局长张善臣亲自带队，历险克难，远赴灾区，将救灾物资第一时间送至四川。局职工赵尚柱、叶鹏被评为“水利部抗震救灾先进个人”，多人被评为“河南省抗震救灾捐款先进个人”。身教重于言教，小浪底职工真切地感受到：榜样就在身边。

（三）各项工作稳步推进

“一面旗帜树起来,千面旗帜跟上来”。党员干部的示范带动作用统一了思想，党员、职工的工作积极性、主动性空前高涨，极大地促进了小浪底建管局各项工作的开展：小浪底水利枢纽的验收准备工作全部完成，并顺利通过了技术预验收；小浪底水利枢纽安全稳定运行，圆满完成了第八次调水调沙，顺利度过了汛期，为河南电网提供了高质量的清洁能源；小浪底水利枢纽的配套工程——西霞院工程尾工建设稳步推进，并已进入收尾阶段。

目前，小浪底建管局“全国文明单位”的重新申报工作已圆满完成，也顺利通过了水利部的审查和公示，并由水利部推荐至中央文明委，目前正等待中央文明委的评审。

小浪底文化体系初探

□殷保合

黄河，是中华民族的摇篮，在我国国民经济、社会发展、文明起源和文化传承中发挥着重要作用。位于黄河中游最后一段峡谷出口处的小浪底水利枢纽战略地位重要、工程规模宏大、地质条件复杂、水沙条件特殊、运用要求严格，被中外水利专家公认为世界上最具挑战性的工程之一。小浪底水利枢纽的成功建设，既是新中国成立60年的经典之作，又是改革开放30年的重要成果，更是新中国几代水利人集体智慧的结晶。小浪底水利枢纽在建设运行管理过程中形成的个性鲜明、独具特色的小浪底文化，既继承了我国传统水文化，又有所创新，为水文化增添了新元素。

小浪底文化体系主要由地理文化、历史文化、精神文化、和谐文化、责任文化、管理文化六大部分融汇而成。

一、承上启下、汇纳百川的地理文化

小浪底水利枢纽位居黄河中游，南岸为崤山的东北余支，西接汾、渭盆地，东临华北平原，北有太行山和王屋山，是

本文获2009年11月全国水利精神文明建设工作会议暨首届中国水文化论坛优秀论文一等奖。

黄土高原和华北平原的过渡带。

小浪底水利枢纽地处我国交通重要中转枢纽区，东西向的连霍高速、310国道、陇海铁路，与南北向的二广高速、207国道、焦枝铁路和太澳高速等交通大动脉在此交织，是中西部地区的连接点，是经济会合转换的桥头堡。

地理上区位控制、交通上四通八达、经济上承东启西，这就是小浪底的地理文化特性。

二、风物悠久、薪火传承的历史文化

小浪底水利枢纽南挟十三朝古都洛阳、北接济水之源济源，几十万年前旧石器时代古人类活动的有关化石以及新石器时期的裴李岗文化、仰韶文化和龙山文化遗址发掘于这里；伏羲创“河图洛书”、武王会盟、孔子问道、汉光武帝逐鹿中原等关键历史事件发生在这里；举世闻名的世界文化遗产龙门石窟、白马寺等文物古迹星罗棋布于这里；愚公移山、大禹治水等故事传说于这里。

小浪底水利枢纽所在地，历史悠久，文化灿烂，与中华历史文化一脉相传、一元同步、同体共生。

三、艰苦奋斗、顽强拼搏的精神文化

精神文化具有强大的动力作用。

1991年，小浪底前期工程开工，来自全国的22支施工队伍，上万人马，满怀“艰苦奋斗，创造一流进场条件，为国争光”的激情，在小浪底安营扎寨，宿帐篷、饮积雪，克服重重困难，在短短2年内，完成了所有准备工作，实现了“三年任务两年完成”的建设目标。1994年主体工程开工，小浪底人在“建设一流工程，培养一流人才，总结一流经验”的奋进号角声中，打响了保截流、抢发电、早完工等一个个战役，经过7年的奋战、顽强拼搏，赶回了延误的工期，解决了洞群密布的单薄山体稳定、高速含沙水流抗磨蚀、多级孔板消能等多项世界级技术难题，顺利完成了各项建设任务，取得了工期提前、质量优良、投资节约的辉煌成绩。

在首台机组发电前夕，小浪底人就开始了水利枢纽运行研究和探索。运行人员从零到逐渐壮大，管理经验从零到逐渐成熟，各项设施从零到逐渐完善，各项规章制度从零到逐渐健全，小浪底人充分发扬了工程建设精神，经过了艰难的探索和实践，于首台机组投入发电后的短短3年时间内，顺利通过了“一流电厂”验收，枢纽运行管理水平跃升到国内先进行列。同时，小浪底工程也被授予“全国环境保护百佳工程”称号。小浪底水利枢纽配套工程——西霞院反调节水库从2004年10月开工建设后，小浪底人以建设“精品工程”为目标，克服重重生活、生产困难，战胜土工膜施工、软基处理等一项项技术难题，于2008年6月按期完成全部建设任务，并使其成为水利行业首个“达标投产”工程。

正是这种艰苦奋斗、顽强拼搏的精神文化的动力，打造了小浪底水利枢纽这项跨世纪的挑战性工程。

四、开放包容、互利共赢的和谐文化

和谐的内外部环境，是推进各项任务顺利完成的重要保障。

主体工程开工后，一夜之间，小浪底工地变成了“地球村”、“小联合国”。来自50多个国家和地区的万余名中外建设者，由于文化和价值观不同、生活及工作方式各异、计划经济与国际惯例的迥异等因素，各种摩擦和撞击屡屡发生。面对挑战，小浪底人以黄河的宽广胸怀，积极吸纳世界现代文化，融合各种观念。在施工区建立起由所有国内施工单位参加的党务联席会议、项目经理负责人会议等制度，有效地统一中方建设者思想；发出“在外国人面前，我们是中国人，在中国人面前，我们是小浪底人”的号召，增强中方建设者的凝聚力；采用“中—外—中”夹心饼干模式，强化对中方建设者的管理等，实现了中国人内部的融合。同时，小浪底人诚心实意地把自己放在“服务”的位置上，提供设备和资金支持，和解裁员冲突，缓解合同纠纷，积极主动地为外国承包商解决施工中的干扰和困难；在重要节日举办有各标外商参加的招待会，营造和谐融洽氛围；阶段性评选表彰有突出贡献的外籍人员，发挥示范带动作用，这些具有中国文化特色的方式有效地促进了中外建设者的融合。两个融合的顺利实现，使全工区形成了中外建设者的共同意识体。

小浪底水利枢纽投入运营后，针对小浪底建管局兼具水利行业和电力企业职能的特点以及中央驻豫单位的性质，通过各种途径加强对外宣传和沟通交流，积极处理好与水利系统各部门、电力企业有关单位、地方各级政府等各方面的关系，为企业发展创造了和谐的外部环境，实现了水利事业发展、服务地方经济、促进自身发展的有机统一。同时，通过积极开展思想政治工作，倡导诚信、互助、友爱的人际关系，民主管理企业，为职工解决实际问题等措施，实现了职工与单位、职工与职工以及职工自我的和谐，提高了企业的凝聚力、战斗力。

“海纳百川，有容乃大”。这种开放包容、互利共赢的和谐文化是小浪底宝贵的文化资源，是具有小浪底特色的文化。

五、公益优先、以天下为己任的责任文化

责任文化是完成任务所具有的责任意识和思想观念。建设管理好小浪底水利枢纽，是小浪底人的根本责任，责任文化自然成为小浪底文化的重要组成部分。

小浪底人充分认识到小浪底水利枢纽是党中央、国务院治理开发黄河的战略性工程，深知任务艰巨，责任重大，于是将建设好、管理好小浪底工程作为最大的政治责任，用这个责任来统一思想、凝聚力量。用“建设一流工程”的宏伟目标，凝聚建设者的共识；建设爱国主义教育基地、每月举行各方参加的升国旗仪式、在共产党员办公桌上摆放“共产党员”标牌等，教育建设者爱党爱国；大力开展“既是主人，又当小工”，“两个五湖四海”等主题教育，增强建设者的使命感、责任感。

小浪底水利枢纽投入运营后，小浪底人把价值取向从“建设一流工程”逐步转换到“管好民生工程”的新境界，将服务民生、履行社会责任作为小浪底人新的历史使命，把实现公益性目标作为企业的最高宗旨，强化管理，科学调度，合理应用，精心维护，充分发挥了水利枢纽巨大的综合效益：实现黄河连续10年不断流、10年安全度汛，基本解除下游凌汛威胁；9次调水调沙运用，约6亿吨泥沙被冲入大海，下游主河槽过洪能力明显提高；累计向下游供水2033亿立方米，实现一次次引黄济青、引黄济津、引黄济淀，有效改善了下游供水条件和生态环境；大力开展环境保护和水土保持，创建了优美和谐的枢纽管理区环境；累计发电403亿千瓦时，为河南电网提供了强大的优质绿色能源。

2009年4月7日，小浪底水利枢纽顺利通过竣工验收，小浪底人为党和国家交上了一份满意的答卷。崇高的使命、神圣的责任得到了很好印证。竣工验收后，小浪底人进一步将“管好民生工程，谋求多元发展”作为发展方向，将“争做安全管理、综合效益发挥、大型水利枢纽管理、承担社会责任典范”作为发展目标，将争创全国文明单位标兵作为深化精神文明建设的根本动力，踏上了强化小浪底水利枢纽管理、推进企业改革发展、建设现代水利和可持续发展水利的新征程。

六、面向国际、瞄准未来的现代管理文化

管理是企业永恒的主题，管理文化是企业生生不息的内在动力，卓越的企业都有卓越的管理文化做支撑。在小浪底工程的建设管理过程中，小浪底人将面向国际、瞄准未来的现代管理文化作为管理文化的重要组成部分，常抓不懈。

在计划经济时期，工程建设由国家分配，没有招标和合同之说，施工组织全靠会议发动和人工调度。管理文化的僵硬，促使工程往往是“计划赶不上变化”，工期一再拖延，造成不少“胡子工程”。小浪底主体工程一开始，就打破了以往“各占一方”、“自成一统”、“封闭式”的管理文化模式。通过国际竞争性招标投标选择承包商，将国际通用的FIDIC合同条款作为工程建设和管理的唯一准则，大规模使用现代化大型设备，依靠计算机“掌控”施工组织，实现了全方位与国际、与现代化接轨。

投入运行后，小浪底人将管理放在更加重要的位置：全面实施“人才兴局，科技强局”战略，大力推进内部精细化管理，深化精神文明建设，用国内外先进设备监控水情、泥沙、发电，用国内外一流技术维护枢纽设备，全范围提高了管理水平，又一次实现了全方位与国际、与现代化接轨。2003年，小浪底建管局获得“全国五一劳动奖状”，2005年、2009年连续两届获得“全国文明单位”称号。

以上六个文化共同融汇成小浪底文化，但小浪底文化体系包含了水文化的诸多要素，不仅仅局限于这六个方面。今后，小浪底建管局将继续以科学发展观为指导，从内容和形式上不断创新小浪底文化，努力推进小浪底文化向更高层次迈进，促进现代水文化向更高层次发展。

小浪底美学文化初探

□杨　静　李文颖　李　敏

美学，是研究自然界、社会和艺术领域中美的创造、发展及其规律的科学；文化，是人类群体在生产生活中共同创造并享有的物质实体、价值观念与行为方式等物质生活和精神生活的总和。因而，美学文化，是人类群体在生产生活中，所共同创造并享有的美学实体、美学观念、美学行为等美学物质和精神的总和。小浪底水利枢纽工程作为中国改革开放30年、新中国成立60年水利工程的一项重大成就，在工程建设和运行管理中，始终坚持高标准、严要求，精益求精，力求完美，潜移默化中，以具有小浪底特色的美学行为，创造了诸多美学实体和美学理念。建成后的小浪底水利枢纽工程，不仅是一座水工建筑物，更是一件美轮美奂的水利“艺术品”。本文重点就小浪底水利枢纽工程在工程建设和运行管理实践中形成的具有小浪底特色的美学文化进行了初步研究和思考。

一、小浪底设计之美

伫立在大坝之上，遥看巍巍大坝与两岸山体浑然一体，

本文获2010年3月中国水利职工思想政治工作研究会优秀思想政治工作研究成果二等奖。

一种自然的雄伟之美立刻呈现在眼前；漫步出水之口，感受调水调沙时“飞流直下三千尺，遥看瀑布挂前川”的壮观景象，一种人定胜天的豪气从心底自然升起。小浪底水利枢纽雄伟的大坝、复杂的水工建筑、壮阔的调水调沙气势，充分体现着工程设计的非凡魅力。

第一，设计理念之美。小浪底水利枢纽工程的设计目标是“以防洪、防凌、减淤为主，兼顾供水、灌溉和发电，蓄清排浑，除害兴利，综合利用”。工程建设之初的设计理念定位在“黄河安澜，福泽人民”。工程的设计建设，关系黄河两岸人民的安危，关系中华民族的安民兴邦。这种以民生为重的设计理念之美是小浪底工程美学文化的根基。

第二，工程选址之美。小浪底水利枢纽工程坝址位于洛阳以北黄河中游最后一个峡谷的出口处，是黄河干流三门峡以下唯一能取得较大库容的地方。其南挟十三朝古都洛阳，西接汾、渭盆地，东临华北平原，北接太行山、王屋山及济水之都济源，不仅是我国交通重要中转枢纽区，黄土高原和华北平原的过渡带，中西地区经济会合转换的集中地，更有着风物悠久、薪火传承的历史文化。因此，其位置十分特殊和重要，是理想的建库之地。工程坝址的最终选择，是无数水利人研究勘测的结果，凝聚着几代治黄人的汗水和心血，是小浪底工程宏伟外貌的坚实基础。

第三，结构布局之美。小浪底水利枢纽工程由大坝、泄洪排沙系统和引水发电系统三个复杂的系统组成。其中，大坝设计为壤土斜心墙堆石坝，并与截流戗堤、枯水围堰、拦洪主围堰共同形成一个有机的整体。泄洪排沙系统包括进水塔、3条孔板消能泄洪洞、3条明流泄洪洞、3条排沙洞、1座溢洪道和1座两级消能消力塘；引水发电系统包括6条引水发电洞、1座地下厂房、1座主变室、1座尾水闸门室和3条尾水洞……小浪底的建设者们不畏艰难，开拓性地将数量多、结构复杂、布局难度大的洞室结构巧妙地联结在了一起，在不到1平方千米的单薄山体上，108条洞室与大坝统筹协调，浑然一体，形成了完整统一、合理完善的结构布局之美。

二、小浪底环境之美

小浪底建设者高度重视工程的环保和美化工作，将工程环保美化与建设同步进行，通过开展环境保护、植树造林，水土保持、绿化美化等多种措施，逐渐使昔日贫瘠落后、荒凉的山谷变成了山清水秀、景色宜人的花园式的AAAA级水利风景区，创造了具有小浪底特色的环境美。

第一，绚丽多姿的色彩美。春季，小浪底坝区百花齐放，桃红柳绿；夏季，小浪底坝区碧空如洗，万木葱茏；秋季，小浪底坝区金桂飘香，橙黄橘绿；冬季，小浪底坝区银装素裹，冰清玉洁。即便是在一天之内，也能看到小浪底枢纽管理区不同色彩的婀娜风姿。清晨，在金色阳光的沐浴下，小浪底大坝如展翅翱翔的赭红色鲲鹏，两岸苍翠山体宛如黛绿色的屏障，黄河水则如一条奔向蓝色天际的银色飘带；夜晚，大坝上一束银色灯光直冲云霄，在黑色的夜幕下，大坝周围橘红、鹅黄、翠绿、银色的灯火交相辉映。无论是春天还是夏天，无论是白天还是夜晚，大自然的丰富色彩和人类创造的色彩都能完美地交融在一起，红、黄、蓝、绿、青等斑斓华美的多种色彩，时刻将小浪底装点成一幅绚丽多姿的彩色画卷。

第二，水滔机鸣的声音美。走近小浪底大坝，未见其貌，便能听到黄河水滔滔之声，和着枢纽管理区鸟儿低吟浅唱，风吹柳摆哗哗，河水拍岸，一种大自然优美的交响乐曲渗入心扉，顿时令人心旷神怡，神清气爽。靠近小浪底地下厂房，几台机组嗡嗡的工作声音，又让人联想到，无数的小浪底人正用自己的辛勤和汗水，源源不断地把绿色能源输送到祖国需要的任何地方。特别是调水调沙期间，呼啸而来的水声又仿佛千军万马，气势磅礴，浑厚坦荡，在充斥耳膜的同时，让人忘记了所有的烦恼和忧愁。不同的时刻，不同的声音，构成了永恒的小浪底水滔机鸣的声音美。

第三，绰约怡人的景观美。小浪底景色宜人，风景如画，如今已经是国家AAAA级水利风景区。小浪底水库上游的湖面上，烟色浩森，山水相映，碧绿清澈，一叶小舟泛过，留下波光粼粼的光影，仿佛带人走进了仙境。水库下游的坝后保护区，郁郁葱葱，秀丽缤纷，在优美的自然景观中，小浪底的建设者还将诸多人文文化融入其中：景区南门的五朵浪花构筑成为“逐浪高”，让人感受到人类改造自然的伟大壮举；工程文化区小浪底大坝剖面模型、巨型轮胎展示、65吨大型自卸车，让人回想当年小浪底鏖战情形；工程纪念广场7个造型各异的雕塑，展示着业主、承包商、设计、监理等各方的风采；九曲桥、花架长廊向人们展示现代化园林的杰作；黄河微缩景观以栩栩如生的直观形象展示了黄河从源头到入海口的整体情况，浓缩了中国人民治黄50多年的伟大成就。远望小浪底大坝，如同勇士横卧在桀骜不驯的黄河之上，将黄龙乖乖制服。特别是调水调沙期间，黄白两色玉带交织，巨龙吐珠，浪底云烟，惊涛拍岸，彩虹高悬。小浪底优雅的人文环境，秀美的自然风光，让人赞叹不已，流连忘返。

三、小浪底责任之美

小浪底建管局以对党、对国家高度负责的精神，始终以邓小平理论和“三个代表”重要思想为指导，认真贯彻落实科学发展观，认真践行水利部可持续发展和民生水利的治水思路，不仅顺利完成工程建设，认真做好了工程的管理运行，而且为自身的壮大、为黄河中下游的社会和谐和经济较快、平稳发展，提供了坚实的支撑。

第一，顽强拼搏的奋斗美。工程建设初期，在国家经济紧张的情况下，小浪底建设者以“艰苦奋斗，为国争光”的勇气，前期工程“三年任务两年完成”，为主体工程上马争得了先决条件。主体工程建设中，因导流洞多次塌方，施工受阻，在“九七截流”目标受到严峻挑战的时刻，小浪底的建设者高举爱国主义的旗帜，顽强拼搏，力挽狂澜，实现了“九七截留”的辉煌战绩。小浪底人为建设好国家重点工程，不怕艰辛，勇于承担责任、勇于奋斗的精神，折射出了中华民族勤劳勇敢、顽强拼搏的魅力。

第二，坚持公益效益优先的实践美。小浪底工程建成后，小浪底人肩负着还贷和服务社会的双重责任。在巨大的发电效益面前，小浪底人以管好民生工程为第一要务，将服务民生、履行社会责任作为小浪底人新的历史使命，把实现公益性目标作为企业的最高宗旨，把安全第一、公益性效益优先作为铁定的坚持原则，通过强化安全管理、科学调度、合理应用、精心维护等措施，努力发挥了枢纽的防洪、防凌、减淤、供水、灌溉、发电、生态等巨大的综合效益，受到了社会的普遍好评，也展示了小浪底人内在的实践美。

第三，勇于发展的进取美。2009年4月，小浪底顺利通过竣工验收，为党和国家交上了一份满意的答卷。面对竣工验收后新的形势和新的任务，小浪底人没有固步自封，满足现状，而是在立足管好民生工程的基础上，积极谋求新的出路，加大企业人事、制度、后勤、管理等多方面改革力度，积极拓宽对外发展渠道，积极谋求多元发展。在管理运行好小浪底水利枢纽和西霞院反调节水库的基础上，小浪底人充分利用现有的经验、能力与资源，积极稳妥地开展水电资源开发；以核心业务带动工程咨询和工程施工管理业务发展，并积极调整现有业务组合，实现业务转型；积极争取、重点参与黄河流域待建的其他大型控制性水利工程的建设与开发；大力推进房地产开发以及水利景区的规划、建设与管理；密切关注太阳能、风能、抽水蓄能和核能等清洁能源的国家政策和发展机会，培育新的经济增长点。小浪底人敢于突破，力争把小浪底建管局发展成为我国大型的现代化水利水电集团，体现了小浪底人勇于发展的进取美。

四、小浪底和谐之美

小浪底建管局以构建和谐为目标，通过自身的积极努力，职工思想积极向上，工程环境优良，不仅实现了局内部之间的和谐，更将水利事业、地方经济和自身发展进行了有效的统一，实现了外部环境和生态环境的和谐。

一是内部环境的和谐美。小浪底建管局高度重视职工思想政治工作，在大力倡导职工敬业负责、求实认真的工作作风的同时，将人性化管理渗透到各项工作中，通过不断改善职工办公生活条件、开展丰富多彩的文体活动、举行职工运动会、实施职工带薪休假制度、进行职工每年一次的保健检查等多种措施，增强职工的归属感，鼓励职工互敬互爱、团结互助，营造出了温馨、团结、和谐的内部环境。

二是外部环境的和谐美。小浪底建管局针对自身兼具水利行业和电力企业职能的特点以及中央驻豫单位的性质，高度重视对外的宣传和沟通交流，通过走访、慰问等各种途径和措施，积极处理好与水利系统各部门、电力企业有关单位、地方各级政府等各方面的关系，为企业发展创造了和谐的外部环境，实现了水利事业发展、服务地方经济、促进自身发展的有机统一。

三是人与自然的和谐美。小浪底建管局时刻牢记肩负的历史使命，将水库的安全和防汛安全放在首位，在精心搞好运行管理和维护的同时，高度重视人与自然的关系。通过严格执行调度指令，积极进行水库调度，有效遏制了下游生态恶化的趋势，黄河口湿地逐渐回归；通过积极探索洪水资源化利用，认真研究优化水库的调度管理，努力延长水库使用寿命，维持黄河健康生命，实现了人与自然的和谐。

一件好的艺术作品，不是与生俱来的，而是艺术家们精心创造出来的；一种优秀的企业美学文化也是如此，它需要经过长期的培育、积淀、发展才能够提升出来。小浪底人通过实践和探索，逐渐形成了具有自身特色的美学文化，但这种文化只是小浪底全部文化中的一小部分，小浪底工程更加深刻的文化内涵，仍需要时间的沉淀，需要我们更多的人进一步研究探索和提升。此外，通过对小浪底美学文化的初步研究发现，随着人类社会文明程度的提高，人们追求美的标准和欲望会越来越高，因此在今后的水利工程建筑中，只有融入丰富的美学理念和美学特色，才能发挥出最大的综合效益，成为真正为人们所喜爱的和谐工程。

大力推进学习型党组织建设 为企业科学和谐发展提供思想政治保证

□李　敏　姜拥军

党的十七届四中全会发出了建设学习型党组织的伟大号召，要求全党把建设学习型党组织作为建设马克思主义学习型政党的基础工程抓紧抓好。多年来，小浪底建管局党委始终高度重视学习型党组织建设，在“认、精、活、合、严、实”六个方面下工夫，使学习型党组织建设取得了良好成效。

一、突出学习的理念性和先导性，在“认”字上下工夫

在长期的治水实践中，小浪底人着力实施文化构建工程，提出了维持黄河健康生命、谋求企业持续发展的企业使命，励精图治、追求卓越的企业精神，以及经营理念、发展理念四个元素共同构成的小浪底建管局核心价值体系，树立了企业自身如何生存和发展的旗帜，成为企业组织的灵魂，这是推动小浪底学习型党组织建设的理念基石。当今企业竞争的环境瞬息万变，只有员工认同企业的目标愿景、对愿景

本文获2010年3月中国水利职工思想政治工作研究会优秀思想政治工作研究成果二等奖。

充满信心，感到实现愿景有自己的一份责任，才愿意为之全力以赴地学习和工作。小浪底建管局通过日常教育，实施企业文化体系建设等措施，使广大职工高度认同小浪底建管局企业文化及其核心价值体系，并愿意为实现企业的愿景目标而不断学习奋进。

二、突出学习的计划性和系统性，在“精”字上下工夫

着重抓好三个环节：一是精心制定好学习计划。每年年初都根据上级要求和全局实际精心制定学习计划，确定重点学习对象、内容、方式、时间、检查办法等，并将学习计划写进全局工作报告和党的工作计划。二是精心设计安排好学习专题。根据各个阶段的上级组织要求和全局实际，分专题组织学习。做到了突出主题重点学、重点内容深入学、重大观点系统学、抓住实质透彻学。三是精心提供好学习平台。通过精心选购理论书籍、辅导光盘等辅导材料，邀请专家学者专题辅导，建立网络学习专栏，为广大职工提供了良好学习平台。

三、创新学习方式和方法，在“活”字上下工夫

小浪底建管局着重推出五种学习模式：一是“带动式”学习。逐步构建党委统一领导，一级抓一级，一级带一级，层层抓落实的理论学习格局；领导干部在理论学习中以身作则，示范带动。二是“报告式”学习。多次邀请中央党校、省委党校教授和专家进行专题辅导，提高广大干部职工对重要理论、关键问题、形势政策的认识理解和把握。三是“考察式”学习。采取“走出去”的方式，先后组织人员到发达地区、革命老区、先进单位、优秀企业进行学习。四是“交流式”学习。定期召开党委中心组（扩大）学习会、政工例会学习会，不定期召开各党支部书记会、党员学习会。与会

人员结合思想认识、学习体会和工作实际，踊跃发言，相互启发。五是“阵地式”学习。建设标准化党支部活动室，党员职工学习培训、讨论交流全部集中在这里。

四、拓展学习载体和时空，在“合”字上下工夫

重点做到“三结合”：一是学习与日常会议相结合。在小浪底建管局每年召开的工作会、党的工作会、安全会以及每月召开的局务会、政工例会等一系列会议上，将政治理论学习作为一项重要内容进行安排部署，同时以会代训，对理论知识进行分析讲解，释疑解惑。二是学习与重大活动相结合。小浪底建管局制定了企业、人才、科技发展规划，构建了企业文化体系，创建了“全国文明单位”，开展了岗位知识和能力体系建设等，在这些重大活动的设计和实施过程中，均将加强党员干部政治理论学习、提升综合素质放在首位。三是学习与调查研究相结合。围绕加快企业科学发展、加强党的建设等重要内容，广泛开展学习调研，在调研中学习，提升理论和实践水平。

五、强化制度的约束和执行，在“严”字上下工夫

主要做了三个方面工作：一是修订和完善制度。2004年以来，小浪底建管局对原有的一些学习规章制度进行了全面的梳理、修订和完善，形成了涉及学习方面的组织领导、监督检查、考核奖惩等20余项规章制度，并刊发在内部网上供学习。二是严格落实制度。实行理论学习党委书记和党支部书记负责制，实行局务会、政工例会学习汇报制，实施年度述学制，坚持党员领导干部定期轮训制，实行学习记录本定期检查制。三是严格考核奖惩。把学习作为重要内容，与干部任用、职称评定挂钩；把学习作为重要内容之一进行年度

考核，与党支部、党员评先挂钩；把学习作为重要内容之一进行季度考核，与奖金挂钩。

六、强调理论联系实际，在“实”字上下工夫

坚持学用结合，学以致用。一是通过学习提高理论水平。根据小浪底建管局广大党员干部的技术水平相对较高、政治理论水平相对较弱的特点，有针对性地进行理论教育，常抓不懈。二是通过学习转变工作作风。除高质量完成保持共产党员先进性教育、学习实践科学发展观主题教育、讲正气树新风教育等活动外，小浪底建管局创造性地开展了“一个党员干部一面旗帜，一个党员一个榜样，一个职工一个形象”的主题实践以及“文明言行、文明环境、文明办公、文明家庭”教育等活动，改进工作作风。三是通过学习推动科学发展。经过认真学习，科学分析，提出了“管好民生工程，谋求多元发展”的发展方向，确立了“争做安全管理、综合效益发挥、大型水利枢纽管理、承担社会责任四个典范”的发展目标，明确了企业发展蓝图，使全局的发展站在了新起点，踏上了新征程。

目前，小浪底建管局学习型组织建设已取得了一定成效，广大党员干部学习理论知识、拓展专业技能的氛围日益浓厚，积极追求进步、岗位锻炼成长的要求日益高涨，求真务实、真抓实干的作风日益增强，展现出良好的精神风貌，有力地促进了全局各项工作的顺利完成：小浪底水利枢纽安全稳定运行，并发挥了巨大的综合效益，企业多元发展取得突破性进展，体制机制改革进一步深化，企业管理水平明显提升。小浪底建管局连续两届获得“全国文明单位”称号，小浪底工程相继荣获“国际堆石坝里程碑工程奖”、“中国水利工程优质（大禹）奖”和“新中国成立60周年百项经典暨

精品工程”奖。

七、学习型组织建设的几点体会

（一）要把理念认同作为创建学习型组织的重要前提

理念是行动的先导，理念只有被员工理解、认同才能发挥作用。要重点塑造学习为本、终身学习、互动学习、团队学习、创新学习5种理念。只有树立了这些理念，才能使学习成为广大党员干部的潜在意识和自觉行动。

（二）要把党组织的推动作为创建学习型组织的重要手段

要把创建学习型党组织作为党建工作的重要内容，依靠党组织的强大优势来推动，把学习真正融入党员自身的工作和各级党组织的工作中去。

（三）要把强化制度建设作为创建学习型组织的重要保障

只有把学习型党组织建设的激励、约束、考核和奖惩等机制以制度的形式规定下来，在实际工作中结合单位的特点不断修改完善和创新，同时积极推进制度的贯彻执行，才能形成促进学习的长效机制。

（四）要把开拓创新作为创建学习型组织的重要要求

创新是推进各项事业成功的不竭动力，必须把“富有创新精神”作为创建学习型组织的重要要求，在活动内容设计、体制机制完善、方式方法应用、考核监督检查等方面把培育创新精神作为重要元素融入其中，不断培养党员干部的创新意识、创新思维、创新能力。

（五）要把推动科学发展作为创建学习型组织的根本目的

建设学习型组织，必须弘扬理论联系实际的学风，把学习的成果转化为推动科学发展的坚强意志、谋划科学发展的正确思路、领导科学发展的实际能力，这是学习型党组织建设的根本目的。

以打造“五型”党组织为主要抓手
不断提升党建工作科学化水平

□张善臣

党的十七届四中全会在党的十七大确定的党的建设总体思路和部署的基础上，根据世情、国情、党情的新变化，鲜明地提出了党的建设科学化这一重大命题和重大任务，强调“推进党的建设科学化、制度化、规范化”，“提高党的建设科学化水平”。这既是新形势下加强和改进党的建设的客观要求，也是以改革创新精神推进党的建设新的伟大工程的重要途径。

长期以来，小浪底建管局党委始终高度重视党的工作，紧密结合工程建设和企业管理改革发展的实际，不断强化和完善党建工作各项保障措施，强化组织领导，严格党建工作责任制，确保了全局党的各项工作顺利开展。同时，面对新形势、新任务、新要求，坚持以科学发展观为统领，按照党的建设科学化、规范化、制度化的要求，以打造“五型”党组织为主要抓手，科学架构全局党的工作思路和格局，着力

本文为2010年5月河南省直工委党建工作研讨会交流材料，获2010年7月中国水利职工思想政治工作研究会第四学组会优秀思想政治工作研究成果一等奖。

推进党的工作不断迈上新台阶，取得新成效。

一、提升党建工作科学化水平的具体实践

（一）打造学习型党组织，强化思想和素质建设

建设学习型党组织，是新形势下各级党组织的重要使命。在打造学习型党组织工作中，一是强化学习的计划性和系统性，突出一个“精”字。精心确定年度学习计划、专题和重点，精心组织，精心安排，强调学习的计划性、针对性和系统性。二是创新学习方式方法，突出一个“活”字。结合实际，采取集中学习、个人自学、远程视频学习相结合，党委、党支部、党小组三级全方位带动，党校轮训、专家辅导、实地调研、座谈交流等多形式安排，落实学习任务，增强学习效果。三是强化制度的约束，突出一个“严”字。对学习在人员、内容、时间、效果等方面的要求上，局党委从制度上予以细化和明确，严格考核检查并实施奖惩，使学习制度化、长效化。四是强化六个结合，突出一个“实”字。坚持理论学习与实际工作、与重大活动和工作部署、与调查研究、与提高理论水平、与转变工作作风、与推动科学发展相结合，在结合中促进党员综合素质的提高，促进学习成果的转化，促进解决问题的能力提升。

（二）打造堡垒型党组织，切实加强党的组织建设

党的组织建设是党开展工作、完成任务、发挥作用的根本保证。一是在完善组织机构上下工夫。根据小浪底建管局点多面广和流动性相对较大的实际，局党委及时调整和完善全局党的组织设置，做到行政业务工作延伸到哪里，党支部就建设在哪里，强有力的党务干部就配备到哪里。二是在发挥党支部作用上下工夫。选好配强党支部书记和支委一班人，细化、明确和公示党支部工作职责与任务分工，强化督

促检查和工作考核，使各党支部真正成为局党委各项部署的组织者、推动者和执行者。三是在严格和规范工作制度与机制上下工夫。按照突出重点、整体推进的原则，重点做到五个坚持：坚持每季度政工例会制度，坚持“三会一课”制度，坚持民主评议党员和党支部制度，坚持谈心制度，坚持组织发展三年滚动计划控制以及征求意见、公示等制度。四是在支部标准化阵地建设上下工夫。在水利系统率先建设了党支部标准化活动室，不断完善功能，做到了党旗党徽、入党誓词、组织机构、工作职责、荣誉证书“五上墙”，不断强化党组织的阵地意识。

（三）建设务实型党组织，树立和弘扬党的优良作风

党的作风直接关系到党组织的生命力。围绕建设务实型党组织，一是着力增强宗旨观念。通过领导垂范和典型示范相结合，经常性教育和主题实践活动相配合等多种形式，教育和引导广大党员牢固树立宗旨意识，切实加强党性修养，不断提高为基层、为群众服务的能力和水平。二是自觉主动围绕中心、服务大局。始终将围绕单位中心任务作为党的建设的出发点和落脚点，强调“服务、结合、渗透、贯穿”，把党的建设与行政业务工作有机结合起来，把党的工作渗透到行政工作的方方面面和各个环节，尤其在重大工程和重大活动中，全局做到了党委有部署，党支部有动员，党员有行动。在围绕中心、服务大局中充分发挥和体现党组织的服务、保证作用。三是结合实际开展主题教育。近几年，除认真组织开展好上级统一部署的深入学习实践科学发展观等主题教育活动外，还根据全局实际，创造性地深入开展了“三个一”（一个党员干部一面旗帜、一个党员一个榜样、一个职工一个形象）主题实践活动，并取得良好效果。四是求真务实转变作风。大力推行精细化管理和执行力建设；组织开展作风建设专项教育；充分利用民主生活会，民主评议党员、党组织等活动，认真开展批评和自我批评；积极推行局党委、各党支部两级课题调研制度，等等。着力求实、求效，推动机关深入基层，转变作风。

（四）打造规范型党组织，不断提高党建工作的规范化、制度化水平

一是不断完善党内规章制度。及时修订和完善各项规章制度50多项，形成了较为完善的党的工作制度体系，并装订成册发放到每位职工手中，供各党支部和党员学习，成为全局各级党组织开展工作的行为准则和硬性规范。二是领导带头强化制度意识。局党委班子带头，从思想、行动到具体的工作当中，带头遵循和执行各项规章制度，示范、带动全局广大党员干部认真学习制度，严格执行制度，自觉维护制度。三是强化对制度执行情况的监督检查。由党委和纪检监察工作部门牵头，有重点地对各党支部制度执行情况进行定期或不定期检查，发现问题，及时督促整改和落实。

（五）建设廉洁型党组织，深入开展反腐倡廉建设

一是抓思想教育。认真组织学习中央、河南省委、水利部党组关于党风廉政建设的文件精神，积极开展正面宣传引导和反面警示教育，采取专题教育、以案说法、读书思廉、任前谈话等多种形式抓好廉政教育，筑牢思想道德防线。二是抓制度机制。在严格执行中央、河南省委、水利部党组出台的各项党风廉政规定的基础上，结合全局实际，及时修订和健全相关细则与办法；制定工作规划，积极构建惩治和预防腐败体系；推行廉洁承诺和保证制度，分解细化廉政建设责任目标，全面落实党风廉政建设责任制。三是抓监督检查。对招标、物资采购、项目管理、设备维修等关键环节和重要领域进行重点跟踪监察；积极推行职代会民主审议、专业审计和政务公开；畅通信访举报渠道，加大查处力度；大力开展专项检查和治理等，保证了各项反腐倡廉措施得到有效落实。

二、提升党建工作科学化水平的具体成效

几年来，以打造“五型”党组织为主要抓手，努力提升党建工作科学化水平，取得了较好的效果。全局党员干部队伍思想素质得到了提高，理论指导实践的能力得到了增强，党组织建设更加规范，党员教育、管理、服务的长效机制更加健全，科学化、规范化、制度化水平得到了提高，基层党组织推动科学发展的战斗堡垒作用和广大党员的先锋模范作用得到充分发挥，有力地保证了全局中心任务的顺利完成：小浪底工程安全稳定运行，并发挥了巨大的社会、生态和经济效益，多元化发展步伐稳步推进，企业精细化管理水平不断提升，改革发展深入推进，全局干部职工精神面貌积极向上，开拓进取，各项工作取得了丰硕成果。小浪底建管局获得“全国五一劳动奖状”，连续两届被评为“全国文明单位”。目前，全局内外和谐，气正心齐，全局广大党员职工正按照局党委确定的“管好民生工程，谋求多元发展”的战略目标团结奋进，努力为民生水利、可持续发展水利作出新的更大的贡献。

三、提升党建工作科学化水平的几点思考

（一）全面理解是前提

认识是行动的先导，要想在具体的工作当中，努力提高党建工作科学化水平，就必须首先全面理解和把握提升党的建设科学化水平的重大意义、基本内涵、主要内容和根本要求；就必须深入学习领会党中央关于加强党的建设的一系列

重大战略部署、理论方针和具体举措；就必须深刻理解和把握党的十七届四中全会关于新形势下加强和改进党的建设的总体要求、目标任务和重大举措。这是加强和提升党建工作科学化水平的前提。

（二）改革创新是途径

提升党建工作科学化水平，不能大而化之、笼而统之，更不能固守旧有模式和思维。要在具体的工作当中，从实际出发，以党的思想建设、组织建设、作风建设、制度建设和反腐倡廉建设为主要格局，以科学发展观为指导，不断改革创新，努力找准工作的结合点和切入点，“以科学理论指导党的建设、以科学制度保证党的建设、以科学的方法推进党的建设”，一点一点地提升，一步一步地推进。这是提升党建工作科学化水平的根本途径。

（三）服务大局是要求

加强党的建设，提升党的建设科学化水平的根本目的是推动社会科学发展，促进社会和谐稳定。为此，在提升党建科学化水平的实践中，要始终把党建工作放入全局和中心去思考，去谋划，去推进。在推进党建工作科学化水平的过程中，要切实把党的政治优势转化为科学发展优势，把党的组织资源转化为科学发展资源，把党的建设成果转化为科学发展成果。这是提升党建工作科学化水平的根本要求。也只有这样，提升党建工作科学化水平才有动力，才有合力。

（四）持之以恒是关键

提升党的建设科学化水平，是党的十七届四中全会作出的重大战略部署，更是一项长期而艰巨的任务。贯彻落实好这一战略部署，需要在实际工作中，持之以恒地进行探索和实践，准确把握党的建设规律，解放思想，实事求是，开拓创新；需要不断地研究新情况，解决新问题，创造新经验。

对这一点，必须有清醒的认识，这更是全面提升党建工作科学化水平的关键。

目前，小浪底建管局在打造“五型”党组织，提升党的建设科学化实践工作中取得了一些成效，但与党中央提出的党的建设科学化水平的要求相比，与兄弟单位相比，还有很大的差距和不足，还有许多工作要做。今后，我们将继续加强学习，继续改进提高，为全面提升党建科学化水平而继续努力工作。

第二部分

DIERBUFEN

加大人才开发培养力度
建设一支高素质的职工队伍

□崔学文　李　杰　刘强中

在水利部党组的正确领导及部人教司的大力支持下，小浪底建管局新一届领导班子自2004年初成立以来，贯彻落实党的十六届五中全会、中央经济工作会议、全国水利厅局长会议精神，在做好枢纽运行、企业管理各项工作中，认真贯彻落实全国水利人事人才工作座谈会精神，以全面提高干部队伍综合素质为中心，不断深化干部人事制度改革，全面加强干部制度和人才队伍建设工作，使全局形成了积极向上、努力工作、争创一流的良好氛围。

现将小浪底建管局两年来在人事管理方面所做的主要工作简要汇报如下。

一、局党政领导班子充分认识到人才资源的重要性，切实加强干部管理工作

人才资源是第一资源，也是最重要的战略资源。小浪底建管局新一届领导班子在认真学习和深刻领会党中

本文为2006年4月水利部人事工作座谈会交流材料。

央有关文件精神的基础上，提出了实施人才强局的重要决策，把全面提高干部队伍综合素质作为干部管理工作的根本出发点，紧紧抓住培养、吸引、用好人才三个环节，加强干部队伍能力建设，深化干部制度改革，大力开展干部培训工作，为优秀人才的尽快成长和脱颖而出创造良好环境。

为全面贯彻“三个代表”重要思想、党的十六大精神、全国和水利部人事人才工作会议精神，推进小浪底建管局工程建设和企业可持续发展，根据《中共中央国务院关于进一步加强人才工作的决定》和水利部人才工作座谈会精神，小浪底建管局制定了《关于进一步加强人才工作的若干意见》，并于2004年7月召开了首次人才工作会议，殷保合局长在会上做了重要讲话并对人才工作提出了具体要求。为加强对科技工作的管理，小浪底建管局于2005年9月成功召开了科技工作会，会上表彰了经层层推荐选拔产生的5名专业技术拔尖人才和23名优秀专业技术人员，并表彰了一大批在工程建设和各项工作中涌现的重大科技成果、优秀论文和优秀论著。人才会议和科技工作会议的召开，在全局引起了很大的反响，使全局上下充分认识到人才工作的重要性，也极大地调动了广大专业技术干部在企业发展中建功立业的积极性。为了进一步夯实人才资源基础，小浪底建管局在第二个五年发展规划中，专门制定了人才队伍建设规划，将“1133”干部人才队伍建设作为今后一个时期的重要任务，即通过五年的培养和锻炼，努力在全局培养10名党政领导人才、10名经营管理人才、30名高级项目管理人才、30名高级专业技术人才，建设一支理论扎实、作风过硬、爱岗敬业、素质优良的人才队伍。

二、利用企业蓬勃发展的大好机遇，为各类干部的培养和成长搭建广阔的舞台

随着小浪底工程建设的完工，小浪底建管局的中心任务由工程建设转变为枢纽运行管理。为积极应对变化的形势，小浪底建管局及时调整企业发展战略，近年来，经过全局广大干部职工的共同努力，全局各项工作取得了长足的发展：小浪底水利枢纽安全运行，连续3年年发电量超过50亿千瓦时，取得了显著的社会和经济效益；西霞院工程项目顺利实现截流；小浪底竣工验收已具备条件，增值税减免政策获得国家批准；内部管理进一步规范；局属经营单位经济效益稳步提升；党员先进性教育活动取得显著成效，党的建设全面加强，精神文明建设取得新的成绩，2005年被全国文明委授予“全国文明单位”称号。以上工作和任务，对全局广大职工干部来说，是新的考验和挑战。小浪底建管局领导班子利用企业向前发展的大好时机，采取多种有效的措施，加大各类干部职工的培养力度，为各类干部提供成长和锻炼的舞台。

（一）以全面提高职工队伍综合素质为中心，在管好管活上下工夫

不断提高各类干部政治思想素质。认真抓好政治理论教育、政策法规教育、形势教育，提高全局干部和职工的政治理论水平；通过党员先进性教育活动，促使广大干部职工认真学习党的基本理论知识，同时，通过完成学习动员、分析评议、整改提高三个阶段的任务，实现了提高党员素质、加强基层组织、服务职工群众、促进各项工作的目标。

进一步加强领导班子建设。调整和充实部分单位和部门领导班子的力量，加强了后备干部培养的力度，不断提升他们的工作能力。近年来新提拔了30名处级干部，并对36名处

级干部进行了岗位交流，新提拔和岗位交流的人数占处级干部总数的88%。

加强对干部的考核力度，不断完善处级干部及职工的考核办法。2005年小浪底建管局制定了《小浪底建管局处级干部任职期间阶段性考核办法》、《小浪底建管局职工聘任期间阶段性考核暂行办法》、《任职（聘任）阶段性考核不合格人员管理办法》。通过定性、定量相结合的考核，广大职工和干部对被考核对象的认识比较一致，尤其是排名靠后的干部职工从中找到了差距，起到了警示作用。考核结束后，小浪底建管局对考核综合得分居前10名的处级干部按优秀处级干部进行表彰，对排名靠后的4名正副处级干部由局长亲自进行提醒谈话，同时对考核结果由分管领导向所有干部职工进行反馈，从而达到了肯定成绩、改正缺点的目的，使小浪底建管局对各类干部的评价和考核进一步科学化、规范化。

重视中青年干部实践能力的培养。根据干部成长的实际情况，有计划地安排专业技术干部、经营管理干部进行多岗位交流锻炼，共安排110名干部进行岗位交流，其中对从事物资采购、合同管理3年以上的所有人员进行岗位交流。安排19名青年干部到水电施工、设计单位和地方进行工作锻炼，通过实践锻炼，使他们增长了知识、开阔了眼界，综合素质得到了很大程度的提高。干部交流给广大年轻干部提供了更多的锻炼机会，也使广大职工对岗位交流有了新的认识，不少职工由初期的怕交流变为主动申请交流，两年来岗位交流的人数占全局职工人数的21%，取得了很好的效果。

（二）以推进知识和能力建设为目标，全面建设干部职工培训体系

为进一步增强职工培训工作的系统性和针对性，促进企业发展和职工综合素质的提高，小浪底建管局在不断完善企业岗位聘任制度的基础上，在全局开创性地进行了岗位知识和能力体系建设工作。

此项工作的基本思路是：进行岗位系列及层次划分，在对所有工作岗位进行梳理的基础上，全局共划分12个专业系列，每个专业系列内分为管理层、执行层和操作层3个层次；建立岗位知识和能力要素模块，根据专业、层次分别制定岗位知识和能力要素，每个岗位的知识和能力要素分为意识和态度类、知识类、能力类三个模块；制定知识和能力具体要求，通过各专业组制定、单位修改、领导小组审核等环节，对全局每个岗位提出知识和能力要求。其主要内容是要求每个职工3年内学习本专业6门课程，每年学完2门课程，这些课程的选定既要考虑当前工作需要，又要考虑到专业的发展趋势。为了做好这项工作，小浪底建管局制定了《小浪底建管局岗位知识和能力体系管理暂行办法》，对培训学习的每一个环节都作了明确规定，建立了奖罚办法，并纳入单位和个人的目标考核。岗位知识和能力体系建设工作极大地促进了广大职工的学习热情，现在业余时间看书学习已成为职工的自觉行动；各单位领导也把学习当做生产任务进行安排，逢会必讲，使全局出现了空前的学习专业知识和技能的热潮。相信在全局广大职工的共同努力下，通过岗位知识和能力体系建设工作，将会极大地提高企业的竞争力和发展实力，为企业发展打下良好的基础。

（三）采取有效措施，为技术干部的成长和发展提供通道

局新一届领导班子针对技术密集型企业特点，十分重视专业技术干部的培养和个人成长问题，多方面为专业技术干部的成长创造更好的条件。

小浪底建管局具有初级以上专业技术职称人员395人，占职工人数的55%；具有本科及以上文化程度共273人，占职工人数的52%。有许多专业技术人员现都在枢纽运行关键岗位上承担重要工作。由于行政职务只能解决少数优秀人员的待遇问题，多数专业技术干部的发展通道如何开通，直接关系到这部分人员的个人发展和企业稳定问题。

如何加强专业技术人才队伍建设，激励广大专业技术人员立足本职岗位工作，一直是局领导班子思考的问题。从2004年下半年开始，根据局领导的指示，开始着手研究这个问题，经过多个方案比较研究，于2006年初制定出适合小浪底建管局实际情况的专业技术人员技术津贴制度，即在专业技术人员中按一定比例分别设立一等技术津贴、二等技术津贴、三等技术津贴，并且制定各类津贴有关条件和选拔办法，选拔采取公开竞争的形式。技术津贴人员选拔工作已于2006年4月3日全部完成，这项工作的开展在专业技术人员中产生了很大的反响，收到了良好的效果。不少技术干部讲，局班子对我们这么重视，我们一定努力工作加倍回报企业。专业技术津贴工作的开展，对广大专业技术干部是个极大的鼓舞和激励，是对专业技术干部价值承认的一种新的表现形式，为他们提供了新的成长通道，促使他们立足本职岗位，认真钻研专业技术，在工程建设和枢纽运行管理各项工作中建功立业，为全局发展作出更大的贡献。

小浪底人不懈的追求

□刘凤翔

小浪底，当年一个鲜为人知的小山村，如今已成为国际工程的代名词。十多年来，伴随工程建设和企业发展，小浪底建设者们打造出以艰苦奋斗为本、以爱国主义为魂的小浪底精神，唱响了当代水利人献身、负责、求实的时代赞歌。

一、艰苦奋斗，小浪底创业的基石

改革开放的新时期还要不要艰苦奋斗？小浪底建设者作出了肯定回答：艰苦奋斗精神，是小浪底工程建设的重要思想保证，是创业的原动力。

20世纪90年代初，小浪底前期工程在国家经济十分困难的情况下悄然开工。那个年代，东南沿海地区正在实行五日工作制，而小浪底工地上却没有一个节假日和星期天。为什么会悄然开工？为什么只能埋头苦干？其主要原因是国家尚穷，钱不好筹。要借世界银行的钱搞主体工程，必须经过世界银行多次现场检查，看前期准备工程是否达到要求，看中国人是否具备建设和管理国际工程的本领。

本文原载于2006年6月9日《中国水利报》。

小浪底建管局党委在艰难困惑中以爱国为根本，团结和带领建设队伍树立“为国争光”的坚定信念，从“艰苦奋斗，为中国改革开放争气”的主题教育入手，立誓以高质量和高速度拿下前期工程，让世界银行的官员们看看中国人的能耐！短短几个月间，来自全国的22支施工队伍上万人云集小浪底。当时艰苦的生活工作环境可想而知：没有住处，就支帐篷，搭工棚，夜宿荒山野岭；没有食堂，就一日三餐方便面；没有水，就借老乡的牛车到山下黄河里取水；没有电，就用墨水瓶自制煤油灯，照亮长夜……小浪底工程的第一个钻孔就是在一只手电筒的昏暗光线下开钻的。

在艰苦奋斗精神的统领下，小浪底人苦干两年，以“三年任务两年完成”的优秀业绩，通过了世界银行专家团15次严格检查和正式评估，40年来几代治黄人的梦想变成了现实。

二、爱国主义，小浪底人团结奋斗的旗帜

在工程建设初期，人们普遍认为，外商有钱，有设备，有国际管理模式，有世界信奉的具有权威性的“菲迪克”条款，小浪底工程建设准会一帆风顺。然而，当时的情况并不像人们想象得那样轻松，施工中突如其来的塌方，让人又惊又惧。

1995年，二标承包商借3条导流洞相继发生十多次塌方之机，不但没有及时组织抢险，而且还擅自停工，并向业主提出8818万马克（约合5亿元人民币）的巨额索赔和推迟一年截流的要求。如果接受这一残酷的现实，让外商牵着鼻子走，那么，“1997年截流”就会成为泡影，国家将为此付出直接经济损失40亿元的惨痛代价。这种既损国家利益、又有损国家尊严的事将会给小浪底人带来耻辱，更严重的是它会

给中国改革开放的形象抹黑。

面对严峻的形势，小浪底建管局党委沉着对应，理直气壮地提出“截流是小浪底最大的经济，又是小浪底最大的政治”，果断采取“成建制引进中国水电施工队伍”的对策。经过艰苦的谈判，二标承包商在不承担“九七”截流的前提下，以“劳务分包”的形式达成协议。也就是说，在3条导流洞施工中，中国分包商仅为“打工仔”，只有干活的权利，却要承担如期截流的重大风险！

各路中方建设者是唱着《咱们工人有力量》的歌曲，喊着“为祖国而战”的口号开进工地的。此时，小浪底建管局在全工区发出“在中国人面前，我们是小浪底人；在外国人面前，我们是中国人”的号召，并适时组织业主、设计、监理和中方分包商召开截流动员大会，层层发动，极大地激发了中国建设者高昂的爱国主义精神，一场“确保九七截流的战役”打响了。

“攻克塌方”的战役展开之初，外商总以“不安全”等为理由，不是停电，就是停水，或用不发炸药、不同意中方的施工方案等加以限制。在这关键时刻，小浪底建管局党委提出：小浪底是国际工程，更是中国的工程，主人翁的地位不能在小浪底形成空白，并作出“既当小工，又当主人”的动员。在“当好主人为国争光”的民族精神激励下，中方建设者不辱使命，克服重重困难，经过长达22个月艰苦卓绝的赶工之战，终于战胜了塌方，凿通并衬砌了3条平均长度为1100米、直径为14.5米的导流洞，夺回了外商延误的11个月工期，开掘出一条如期实现“九七截流”的绿色通道。

完成截流战役后，小浪底工程建设切入正常轨道，相继取得如期下闸蓄水、并网发电两大胜利，主体工程取得3个土建国际标提前完工、节约投资约36亿元人民币的骄人业绩。与此同时，在党和国家领导人以及水利部、河南省领导的亲切关怀下，小浪底建管局取得工程建设和精神文明建设双丰收，先后获得“全国文明单位”、“五一劳动奖状”、“全国水利系统文明单位”、“全国创建文明行业先进单位”、“全国思想政治工作优秀企业”和“国际合作先进集体”等十多项荣誉称号。

三、实现职能转变，创造最佳经济社会效益

主体工程完工后，小浪底建管局的职能开始从建设工程向枢纽运行管理转变，同时也面临着沉重的还贷压力。运行好枢纽，多发电，增加效益，是小浪底建管局的首要任务。

在科学发展观的引领下，小浪底建管局党委提出了“黄河上帝”的新理念——把黄河的安澜、健康和黄河中下游人民利益作为企业的宗旨，毫不动摇，一以贯之。2000年以来，黄河中下游连年出现春夏“卡脖子旱”和天津等城市供水告急。小浪底建管局坚决服从黄河防总的调度指令，无条件向下游供水。2000年至2005年12月，小浪底水库累计向下游供水1000多亿立方米、补水294亿立方米，其间启用发电最低水位以下死库容、停关机组累计163天，为引黄济津、引黄济青提供了稳定水源。小浪底局部利益的牺牲，使黄河连续10年的断流得到了遏制，有力保障了下游工农业生产、人民生活和生态用水。

2003年，黄河中下游地区遭受20年不遇的“华西秋雨”，边疆发生了10多场洪水。小浪底水库充分发挥拦蓄功能，一次次化险为夷，大大缓解了下游的防洪压力，直接防洪效益超过110亿元。

从2002年7月起，黄河水利委员会以小浪底水利枢纽为平台，先后进行了3次调水调沙试验。2005年起，调水调沙进

入生产性运用。4次调水调沙，总计下泄水量148.7亿立方米，其中充水量为72.8亿立方米，圆满地完成调水调沙任务，实现了黄河下游主河槽全线冲刷，主槽过洪能力明显提高。国内水利专家赞叹："这是一个了不起的奇迹！"

四、创新企业文化，扩展精神文明新内涵

工程建设结束后，骁勇善战的小浪底人是否还有用武之地？大功告成，是不是可以坐享清福？荣誉多了，信誉高了，小浪底精神文明建设该怎样持续发展？

面对诸多新问题，小浪底建管局新一届领导班子清醒地认识到，小浪底工程枢纽要健康生存并保持旺盛生命力，必须实现企业管理重心的转移，构建高层次企业文化平台，走中西管理相结合的探索之路。

小浪底建管局党委结合学习贯彻党的十六届三中、四中全会精神，开展了一次"把信送给加西亚"的学习活动。从党委成员到员工人手一册，要求人人通读，写出心得体会，在局域网上开展讨论。由此，一个积极工作、体现自我价值的良好氛围逐渐形成，企业文化建设开始启动。

2004年，新领导班子召开第一个年度工作会和职工代表会，推进企业文化建设成了热门话题。会议专题研究了职工分房、调房和搬迁事宜，职工的切身利益受到关注，关心人、爱护人、理解人、尊重人蔚然成风。此时此刻，新一届领导班子已不是传统意义上的生产指挥者和命令者，而是企业广大职工的"前程设计者"。通过学习、调研和探讨，党委决定2004年全面启动企业文化建设，并按照"调查研究，整体规划，分步实施"的总体部署开展工作。

制度是"体"，文化是"魂"。企业文化要求企业管理者将文化特点和规律运用于管理行为中，使文化和制度等形成合力。2004年5月，小浪底建管局制定了《小浪底建管局企业文化纲要》，确立了企业核心理念、经营理念和管理理念，制定了员工行为规范和《企业文化建设实施规划》，并向全局职工印发了《企业文化手册》。建管局还对以往规章制度进行了全面修订，将涉及企业管理各方面的180多项制度印刷成册，发到每一个员工手里，成为小浪底人的行为准则。

小浪底建管局多年来采取“请进来，送出去”相结合的办法，请院校到工地办研究生班，送员工到国外学习、到外省和外单位去培养，选派青年到贫困地区去锻炼等。小浪底建管局每年都要拿出50万元用于人力资源开发、引进和奖励优秀人才，鼓励职工立足本职，岗位成才。

2005年9月，建管局提出“科技兴局战略”，旨在立足小浪底、放眼全国、展望世界，站在世界科技前沿审视自我；鼓励科技创新，促进科技人才成长，努力造就一支以科技人才为先导的职工队伍，把小浪底建设成为一个科技型的企业。

五、锁定安全目标，筑牢干部思想道德防线

小浪底建管局党委高度重视党风廉政建设和反腐败工作，紧紧锁定干部安全、工程安全和资金安全的“三个安全”目标，探索有效的教育途径和方法，筑牢干部拒腐防变的思想道德防线，把事后的监察处罚变为事前的呵护和关爱。2004年建管局与河南省检察院联合成立了预防职务犯罪工作领导小组，定期召开联系会议，制定了《关于在西霞院工程建设中开展预防职务犯罪工作的意见》，确定了指导思想、工作原则、工作机制和工作任务。当年，全局分批组织副处级以上干部和有关岗位科级干部230人到豫西监狱参观，零距离听取在押犯人的忏悔演讲。这样的警示教育使干部受

到强烈的震撼，收到了很好的教育效果。

最近，小浪底建管局党委结合学习胡锦涛总书记提出的以“八荣八耻”为主要内容的社会主义荣辱观，号召全体干部职工发扬艰苦奋斗、热爱祖国、服务黄河、服务人民、崇尚科学、团结拼搏、诚实守信的优良传统，切实把“八荣八耻”转化为每个职工的自觉行动，努力做社会主义荣辱观的模范实践者和积极推动者，从而进一步推动小浪底企业文化建设和精神文明建设。

如今，小浪底工程建设基本实现了“建设一流工程、培养一流人才、创造一流经验”的建设目标，通过10多年的国际工程建设，小浪底人骨子里的那种艰苦奋斗、报效祖国、励精图治、知难而进、自强不息的精神得到不断历练和升华，已成为小浪底企业文化的精髓。小浪底人精神文明建设的追求和开创型的企业文化正紧随时代前行的步伐，向更高层次迈进。

树立社会主义荣辱观和弘扬水利精神的实践与思考

□柯明星　张菊敏

树立社会主义荣辱观和弘扬水利精神，不是虚空的说谈和泛泛的号召，它必须紧密结合实际，做到知、需、行的统一。那么，如何更好地把树立社会主义荣辱观和弘扬水利精神紧密结合起来，并在这一过程中，突出水利人、水利行业的规律和特点，为水利工程建设服务，为水利事业的可持续发展服务，为构建社会主义和谐社会服务？这是我们大家不得不认真思考并努力付之于行动的重大课题。在此，结合小浪底的实践，谈些体会，以求相互借鉴和共同提高。

一、弘扬水利精神是水利人树立社会主义荣辱观的最佳结合点

理论是行动的指南，谈社会主义荣辱观和水利精神，首先应明确二者之间的辩证关系。

本文为2006年12月树立社会主义荣辱观与弘扬水利行业精神论坛暨全国水利系统文明办主任工作会交流材料。

胡锦涛总书记提出的以“八荣八耻”为主要内容的社会主义荣辱观，是对中国传统精神和道德规范系统的总结与提炼，是社会主义和谐社会基本的公德观、价值导向和行为规范，是党的十六届六中全会提出的社会主义核心价值体系的重要内容，是新形势下各行各业思想道德建设的重要指导方针。“献身、负责、求实”是在长期治水实践中形成并培育起来的水利精神，是水利行业道德和风尚的集中体现。它既具有行业特色，又带有社会特征，是整个社会道德风尚的重要组成部分。

由此不难看出，社会主义荣辱观和水利精神二者之间存在紧密的哲学关联。社会主义荣辱观涵盖了全社会应普遍遵循的基本道德规范和文明风尚，是全体社会公民和包括水利行业在内的各行各业共同的行动指南。水利精神则是社会主义荣辱观在水利行业的具体化和表现形式，社会主义荣辱观和水利精神是普遍与特殊、一般与个体的辩证关系。弘扬水利精神是水利人自觉树立社会主义荣辱观的具体体现，是水利行业树立和弘扬社会主义荣辱观最好的、最直接的切入点。

正确理解社会主义荣辱观和水利精神之间的这一辩证关系十分重要，它是行动的理论前提和基础，能进一步增强我们弘扬水利行业精神的自觉性，不断促进我们在新的形势下，更加坚定地继承和发扬“献身、负责、求实”的水利精神，把胡锦涛总书记提出的社会主义荣辱观更加生动地体现和贯彻在水利行业中。

二、小浪底树立社会主义荣辱观和弘扬水利精神的具体实践

小浪底是治理开发黄河的关键性工程。同时，工程复杂

的地质水沙条件、严格的运用要求、庞大的世界银行贷款、全面按照国际惯例进行的建设管理方式等，都使其成为国内乃至世界上最具挑战性的工程之一。其建设管理的艰难，不亲身经历难以想象。

越是艰难，越是需要精神的支撑。自1991年工程破土动工以来，一批批小浪底人从自觉继承和发扬中华民族的优秀传统到不断弘扬水利精神，从弘扬水利精神到自觉树立和践行社会主义荣辱观，可以说，在建设管理的始终，都予以了生动体现。

（一）牢记艰苦奋斗的精神，筑牢创业的基石

20世纪末的中国，改革的春潮涌动，但那时的小浪底，依然贫穷落后，交通极其不便，且地质、地理条件都十分恶劣，要想在此建设大型水利工程，其艰苦程度是可想而知的。更大的难题是，由于国家财政困难，需向世界银行贷款，要通过多次严格的检查和评估，否则，小浪底前期工程就是竹篮打水——一场空。

在艰难和困苦面前，小浪底建管局党委以“艰苦奋斗”的主题教育入手，团结和带领工程建设者牢固树立“艰苦奋斗、顽强拼搏”的坚定信念。在外面世界日益精彩的同时，小浪底建设者却没有节假日、没有星期天，有的只是埋头苦干。搭工棚，宿荒山；三餐方便面，饮取黄河水；朝朝不论点，岁岁不过节。小浪底的第一个钻孔就是在一只手电筒的昏暗光线下开钻的……

在艰苦奋斗精神的统领下，小浪底人大干苦干两年，以“三年任务两年完成”的优秀业绩，通过了世界银行专家团15次严格检查和正式评估。艰苦奋斗换来了“几上几下”的工程的新生。毋庸置疑，如果没有艰苦奋斗、奉献牺牲的精神，40年来几代治黄人的梦想就难以变成现实。

（二）高举爱国主义旗帜，不断推动国际工程建设

1994年9月主体工程开工，来自50多个国家和地区的万余名中外建设者，由于文化不通，价值观各异，生活、工作方式差别，计划经济与国际接轨的格格不入，各种摩擦和撞击接踵而至。尤其在1995年4月至6月期间，三条导流洞相继发生塌方。在塌方面前，外国承包商提出了推迟一年截流的要求。面对没有退路的严峻形势，在水利部的正确领导下，小浪底建管局党委以爱国主义为根本，发出“确保截流是我们最大的爱国”，“在外国人面前，我们是中国人”的号召。业主、监理、设计和中方承包商层层召开截流动员大会，形成强大的凝聚力和执行力，迅速掀起了确保“九七截流”的赶工战役，以“爱国精神”为胆，克服重重困难，顽强拼搏，赶回了被延误的整整11个月的工期，顺利实现了按期截流目标。

在这场波澜壮阔的战役中，正是由于小浪底建管局党委以爱国主义精神为感召，有力地推动着国际工程建设，取得了工程优良、投资节约的骄人业绩。

（三）始终追求求实创新，让科技高筑小浪底

小浪底显著的社会效益举世瞩目，是造福人民的宏伟工程。因而，筑就“一流工程”是小浪底建设管理始终的追求。

小浪底工程设计方案是在拥有大量勘察成果的基础上，通过长期规划研究，大量科学试验，充分吸收工程经验教训，多次进行国际咨询后确定的；大坝填筑，防渗墙施工，高边坡、地下厂房开挖等施工工艺已达到世界先进水平；监理机构设置、监理内容、监理方式等均按国际惯例进行；聘请世界银行特别咨询专家组、加拿大国际工程管理公司（CIPM）对小浪底工程技术、合同管理进行咨询。

工程建成以后，为进一步鼓励科技创新，充分发挥科学技术在小浪底后续发展中的重要作用，小浪底建管局新一届党委启动和实施了“科技强局”战略。召开科技工作会议；评选表彰优秀技术人才和专业技术成果；选派技术人员到沿海发达地区考察学习；设立技术创新专项局长奖励基金；推行技术岗位特殊津贴；如此等等。

我们可以自信地说，小浪底是科技高筑的小浪底，我们用新技术、新工艺、新方法、新设备，成功解决了许多国际、国内前沿的技术难题和建设管理问题，筑起了一流的工程，总结了一流的经验，同时涌现出一批优秀的专业技术人才。

（四）以服务人民为荣，谱写枢纽管理期践行社会主义荣辱观的新篇章

主体工程一完工，小浪底就面临着沉重的还贷压力。多发电，创造更多的经济效益，尽早还完贷款，是小浪底建管局的当务之急！但同时，国家、社会，尤其是黄河中下游人民，对小浪底工程建成后能迅速发挥巨大的社会效益满怀期望和需求！一边是还贷的巨大压力，一边是服务人民的责任。部分小浪底职工发生了困惑，甚至个别领导干部也开始迟疑。如何处理好国家、人民和企业之间的利益关系，是摆在小浪底建管局党委面前一个不容回避的课题。小浪底建管局党委是清醒的，那就是服务人民的责任高于一切。

以服务人民为荣，在小浪底不是一个堂皇的口号，而是实实在在、非常具体的行动。

2000年以来，小浪底建管局始终坚决服从水利部党组和黄河防汛总指挥部的调度指令，无条件地向下游供水。期间为满足供水需要，启用发电最低水位以下死库容，停关机组累计163天。

2003年，黄河中下游地区遭受到20年不遇的“华西秋雨”，小浪底水库充分发挥拦蓄功能，直接防洪效益超过110亿元。

四次调水调沙，实现了黄河下游主河槽全线冲刷，主槽过洪能力得到了明显提高。水利专家赞叹“这是一个了不起的奇迹”的背后是小浪底发电弃水72.8亿立方米。

小浪底为维护大河安澜和黄河下游广袤地区的稳定、和谐发展，发挥了不可取代的作用，正因如此，小浪底建管局先后获得“全国文明单位”、“全国五一劳动奖状”等多个荣誉称号。

（五）以科学发展观为统领，加强和谐文化建设，弘扬水利精神，践行社会主义荣辱观

工程完工后，小浪底的各项事业稳步发展，居安思危，小浪底建管局新一届领导班子敏锐地意识到：小浪底要持续保持旺盛生命力，要更为自觉地弘扬和践行社会主义荣辱观和水利精神，不断提升企业形象，就应该加强企业文化建设，把企业精神向更高层次引领和构建。

在实施企业文化建设战略的具体进程中，我们不仅对小浪底已有的精神、事迹与文化内涵进行全面的梳理、整理和展示，更多地是将原有文化精髓予以继承、创新和完善，将小浪底人一直以来自觉践行社会主义荣辱观和弘扬水利精神的良好传统更加自觉化、系统化、文化化。在宣扬教育广大职工自觉学习和树立胡锦涛总书记提出的社会主义荣辱观的同时，我们更加注重将社会主义荣辱观和水利精神所涵盖的精髓融入新架构的企业文化体系中，融入新的企业使命、精神、作风和愿景当中，使小浪底人不仅仅把践行社会主义荣辱观和弘扬水利精神当做是号召、是以往的成绩，更重要的是，让它成为今后自觉的责任和行为准则，努力为构建社会主义和谐社会及企业提供道德基础。

三、新形势下树立弘扬社会主义荣辱观和水利精神的几点体会

从小浪底一路走来，通过小浪底这个点的具体实践和探索，对新形势下，如何更好地树立和弘扬社会主义荣辱观，不断继承和创新水利精神，我们有如下体会。

（一）爱国主义是旗帜，艰苦奋斗是基石

如上所述，如果没有艰苦奋斗的精神和爱国主义的感召，就没有小浪底的新生和“九七截流”的胜利实现。时至今日，我们仍然为精神所散发出的巨大力量所深深震撼。细细体会和深深思索之后，我们深切感受到爱国主义是旗帜与核心，艰苦奋斗是基石。沧海桑田，我们总是坚守着一份对祖国和人民崇高而纯粹的感情，无私奉献。同时，水利工程艰苦的条件和恶劣的环境，造就了我们水利人固有的艰苦奋斗的品质和精神，这些正是我们水利人极为宝贵的精神财富。工程实践昭示，无论过去、现在和将来，爱国奉献、艰苦奋斗的精神，永远都是我们精神的核心、旗帜和生生不息的基石。

（二）“以服务人民为荣”是新时期的主旋律

水是民生之本。水利涉及人民群众最切身的利益。如同小浪底工程一样，绝大多数水利工程从一诞生就承担着太多的社会责任和为人民服务的义务。新形势下，构建社会主义和谐社会更需要我们水利人、水利行业更加自觉和主动地承担起更多的社会责任与义务。因而，“负责”是党和人民对水利行业首要的期望与要求，并在今天赋予了更多、更清晰的内涵，可以说，社会主义和谐社会的构建，离不开水利工作的支撑。今天，小浪底已成为古老黄河的一颗强有力的年

轻心脏。黄河的青春活力正在逐步恢复，一条健康的黄河正悄悄地向我们走来。在这一伟大实践中，我们越来越清晰地感觉到，“以服务人民为荣”来不得任何迟疑和犹豫，因为它是我们今天应该始终坚持的主旋律。

（三）“求实创新，崇尚科学”是永恒的主题

工程建设的实际需要，水利事业可持续发展的需要，全面落实水利部党组治水新思路的需要，构建创新型国家的需要，都决定了“求实创新，崇尚科学”是永恒的追求和主题。创新是灵魂、是不竭动力的论断在小浪底得到了很好的诠释。如同到其他所有的水利工程参观一样，今天，来到小浪底参观的游人，无不为巍巍耸立的大坝所折服，可他们绝少知道，小浪底水利枢纽工程是被中外水利专家公认的世界上最具挑战性的水利工程之一，曾经因为技术条件的不成熟等原因几上几下，曾经因为地质条件过于复杂而让权威的水利专家寝食难安。可以说，没有求实创新就没有今天的小浪底，是科学技术，是求实创新造就了小浪底。同样，没有求实创新，崇尚科学，也就没有水利事业的蓬勃发展。

（四）和谐文化建设是和谐社会建设的精神动力

和谐文化建设是构建社会主义和谐社会的重要任务和条件，和谐文化既是和谐社会的重要特征，也是实现和谐社会的精神动力。众所周知，绝大多数水利企业，尤其是在工程建设期间，由于工程建设任务的繁重，能否自觉继承和发扬水利行业光荣传统与精神，将决定和影响工程建设与管理的顺利进行。

为了紧跟形势的发展，紧跟时代的步伐，充分发挥企业文化的凝聚力、激励力和持久力，促进广大职工更加自觉践行和弘扬社会主义荣辱观，塑造、完善和提升企业精神与形象，促进企业科学、持续、和谐发展，和谐文化建设就必然是我们无悔的选择。小浪底建管局新一届领导班子正是深刻地意识到这一点，及时实施了企业文化战略，并把这一战略的实施作为企业发展和弘扬精神新的起点。实践证明，和谐文化建设为小浪底工程的建设和管理提供了强大的精神支撑。同时，十六届六中全会作出的构建社会主义和谐社会的重要决定，为我们进一步加强和谐文化建设指明了方向，提出了更高的要求，我们一定要认真学习贯彻。

（五）思想政治工作是生命线

思想政治工作是我党的优良传统和政治优势，在水利工程建设中，充分发挥思想政治工作的作用，更是弘扬水利精神，唱响主旋律，打好主动仗的生命线，这是小浪底人的切身体会和亲身感受。小浪底十几年的实践，逐步形成了以局党委为核心，营造大政工、开放式的思想政治工作格局，不断创新工作方式，不断贴近工程建设与管理的实际需要，取得了丰硕成果和战绩。在前期准备工程、在主体工程建设期间，在截流赶工的关键时刻，在企业转型期，在全局改革发展的关键时期，局党委的政治思想工作总是充分发挥政治核心作用和引领导向作用。应该说，小浪底在两个文明建设中取得今天的成就，政治思想工作发挥了重要作用。

个性鲜明的小浪底文化

□张善臣　刘凤翔

小浪底工程是我国水利战线第一个全方位进行国际合作的工程。在11年的艰苦建设、6年的精心运行中，在继承和发扬中国优秀文化的基础上，努力学习国外的先进技术和先进管理，形成了“兼容并蓄”的中西结合的小浪底建设文化，为和谐社会建设作出了积极贡献。

“文化是人类社会实践过程中所获得的能力和创造的成果，是人类创造的物质财富和精神财富的总和。”广义的文化包括物质文化、管理文化（社会的组织制度）和精神文化。我们借这一角度来审视小浪底文化的根基、小浪底物质文化、小浪底精神文化、小浪底管理文化以及小浪底文化功能的鲜明个性。

一、“母亲河”上的一颗璀璨的明珠

小浪底水利枢纽位于河南省洛阳市孟津县与济源市境内的黄河干流上，处在控制黄河下游水沙的关键部位，是唯一能够担负黄河下游防洪、防凌并兼顾供水、发电的综合效益的水利枢纽工程。它的建成可使黄河下游的防洪标准从60年

本文原载于2008年8月《中华水文化概论》。

一遇提高到千年一遇；基本解除下游凌汛的威胁；淤沙库容可使下游河道20年不淤积抬高；水库每年增加20亿立方米的供水量，可改善下游农业和城市供水条件，提高下游100万公顷灌区的灌溉保证率；电站装机180万千瓦，多年平均发电量51亿千瓦时。

黄河小浪底水利枢纽工程，以其巨大的建设规模、复杂的地质条件、严格的运用要求、全方位与国际接轨的管理模式，被中外水利专家称为世界上最具挑战性的工程之一。工程建设通过国际公开招标选择承包商，全面推行项目法人负责制、招标投标制和建设监理制。在工程建设过程中，广大建设者发扬爱国主义精神，严格质量管理和合同管理，积极推进技术创新和管理创新，创造了中国特色的国际工程管理模式。

小浪底工程被命名为水利部和河南省爱国主义教育基地，先后被国家和水利部授予“国家环境保护百佳工程”、“全国水土保持示范工程”和“国家水利风景区”称号，展示出小浪底文化的阶段性成果。

二、黄河文化的一枝艳丽的奇葩

小浪底位于黄河腹地。这里曾是炎帝和黄帝出生的地方，至今留存着黄帝的众多遗迹，如黄帝铸鼎原、黄帝陵、黄帝庙、天坛等。最早在豫西渑池发现的仰韶文化，密集于新安、孟津和偃师的沿河地区。为配合小浪底工程建设，文物部门进行了大规模的考古发掘，仅在荆紫山、青要山方圆10千米内就发掘仰韶文化和龙山文化遗址20多处，证明小浪底区域的古文化正是炎黄的遗存文化。

小浪底是大禹治水的足迹。大禹治水劈三门后，顺水而下，来到丹阳县，又被一座大山阻隔，决心开山凿岩，疏通水路，打通黄河最后一道关隘。大禹治水得到丹阳人民的拥戴和大力支持。大山凿通后，河水顺利东流，惊涛骇浪消退。大禹为感谢丹阳人民，特为丹阳赐名曰“小浪底”，取“大浪到头，小浪入底之意”。

小浪底水利枢纽大坝南立孟津北跨济源。在3000多年前的商代末年，周武王会诸侯于孟津，挥师北济，直指朝歌，统一天下，灭商建周。“会盟山”和“会盟台”遗址如今尚存。济源市北依太行，西踞王屋，南邻黄河，东接华北平原，是传说中的愚公的故乡。愚公移山的故事就发生在这里，一座耸立的愚公移山雕像向后人诉说着这一远古的神话……

小浪底与中华民族文化有着割舍不去的情结，它继承和延续着河洛文化的基因，承载着从远古流淌而来的深厚的黄河文化积淀。这就是小浪底文化深厚的文化底蕴和根基。这也从一个侧面反映出小浪底振兴文化的特色和个性。雄伟的现代化枢纽镌刻着水利文化进步的烙印，它的建设是我国水利工程建设的一次跃进，是我国水利文明的一次升华。

三、物质文化的现代观

物质文化的范围广泛，如饮食用品、衣着服饰、房屋建筑、交通设施、生产工具和产品以及创造这些财富的活动和创造方式等都是物质文化。这里主要就生产工具和创造方式简述小浪底物质文化的时代个性。

小浪底水利枢纽工程需要完成1亿立方米土石方挖填工程量。1994年，小浪底主体工程动工伊始，就彻底摈弃了落后的生产工具和惯用的人海战术，采用先进的大型机械化联合施工，实现了计算机管理的施工现代化。仅一个大坝施工就投入全新的大吨位、大容量、高效率施工机械230

多台（套）。在20平方千米的小浪底峡谷，只闻机器轰鸣，不见“人山人海”。由上千台套先进的大型机械设备组成的五条“钢铁巨龙”——大坝施工一条龙、混凝土浇筑一条龙、进出口明挖一条龙、洞室开挖一条龙、大洞径混凝土衬砌一条龙，编织出一幅气势磅礴的现代工业的壮阔画卷！

小浪底先进的物质文化，大大地推动着我国水利工程生产力的发展，加速了小浪底工程的建设，实现了“建设一流工程”的目标。小浪底高超的施工技术创造了多项世界和中国第一：在不良地质条件下，开凿了世界上地下洞群布置最密集的水利工程并开挖出最大的地下厂房，建成了世界上最复杂的进水塔群、世界上最大的多级孔板消能泄洪洞、世界上最大的消力塘、目前国内最深的高强度混凝土防渗墙并首次采用槽口平接技术，黏土斜心墙堆石坝的填筑总量和施工水平居全国同类坝型之首；无黏结后张法预应力混凝土技术的运用填补了我国洞室衬砌技术的空白等。还有P3施工项目软件、GIN法帷幕灌浆新技术、DOKA模板、ROTEC塔带机和枢纽外部变形观测采用GPS全球定位系统等新技术、新设备都在小浪底工程得到率先运用。

四、管理文化的国际观

1994年小浪底主体工程一开始，小浪底的管理文化或组织制度就打破了以往“自成一统”、“封闭式”的管理文化体制，引进国际竞争性招标，招揽国际上和国内一流的承包商联合承建，在中外的合作中引进、吸收国外先进的管理文化并创造出中国特色的管理文化模式，凸现出小浪底文化的鲜明个性。

（一）国际竞争性招投标

小浪底水利枢纽土建项目采取国际竞争性投标选取承包

商。通过公开招标，以意大利英波吉罗为责任公司的黄河承包商、以德国旭普林为责任公司的中德意联营体和以法国杜美兹为责任公司的小浪底联营体，分别中标承担大坝工程（Ⅰ标）、泄洪系统工程（Ⅱ标）和发电系统工程（Ⅲ标）的建设。

水轮机的国际招标是一次进口重大设备同利用国外出口信贷相结合的招标，在国内水利水电建设史上是第一次。此外，还通过国际招标选择了加拿大国际工程管理咨询公司（CIPM），为工程建设和合同管理提供咨询。

（二）工程承包商——跨国公司

1994年7月16日，小浪底工程国际招标合同在北京钓鱼台国宾馆签字，4个国家14个公司组成的3个联营体，成为治理黄河的新力量。

黄河承包商（YRC）是由意大利英波吉罗、意大利斯特拉公司、德国赫兹蒂夫和中国水电第十四工程局4家公司组成的联营体。“中德意联营体”（CGIC），由德国旭普林公司、德国斯特拉巴格公司、德国威斯弗雷塔格公司、意大利撒利尼建筑公司、意大利得法洛公司（1995年退出，由法国斯皮公司接替）、中国水利水电第七工程局和中国水利水电第十一工程局组成。“小浪底联营体”（XJV），由法国杜美兹公司、德国霍尔茨曼公司和中国水利水电第六工程局组成。根据协议各联营体的责任公司所任命的成员为工程项目经理，其他成员公司各派一人任工程项目副经理，负责各自项目工程的建设和管理。三个土建标的承包商的组织形式都是“跨国公司”。这些跨国公司的进入，使小浪底工程一步跨上国际先进施工水平的台阶，站到了国际合作的前沿。

（三）“FIDIC”合同条款——“圣经”

小浪底工程是我国水利战线上第一个全方位接轨的“国

际工程”。世界通用的FIDIC（菲迪克）合同条款是小浪底工程施工和技术规范的唯一准则。

“如果小浪底有一部‘圣经’，那就是合同。”大坝标现场经理马尔亘涅先生道出了小浪底的合同意识。在小浪底，合同管理是小浪底工程建设一切管理工作的核心。从工程招标开始，合同条款和技术规范的制定、合同的签订、阶段计划完成，直至工程竣工，合同的执行和管理贯穿工程建设的全过程。Ⅲ标一位工长，因违反施工技术规范被解雇；Ⅱ标现场经理因施工不力延误了工期目标被“炒鱿鱼”。随着国际招标投标模式和菲迪克合同条款的移植，一位中方项目经理感叹地说：“参加小浪底工程建设是不出国的‘出国’！”在处理Ⅰ标和Ⅲ标承包商的合同争议中，业主和监理工程师运用合同条款的规定，成功地解决了重大合同争议，既避免了旷日持久的仲裁，又将投资控制在概算范围之内并有所节余。

（四）施工组织与管理信息——计算机“掌控”

小浪底工程三个土建标的现场施工管理，都是通过计算机来实现的，整个施工的关键问题都由欧洲总部通过电信来控制。

黄河承包商的施工计划是经过现场认真细致的考察加上施工经验而制定的。施工全过程的设计和组织，现场的全部活动，每个环节需要多少设备和人力，都编入软件，通过计算机进行管理。可以说，计算机在“掌控”工程的进展。

信息管理在国际工程项目管理中占有极其重要的位置，是项目成功的重要因素。1993年，业主小浪底建管局就着手管理信息系统建设，随后引进美国“Primavera”公司制作的P3软件，建立起计算机管理信息系统，对业主、工程师和国际承包商之间的频繁信函加以收集、储存和使用，通过对项目进度、质量、投资控制，以及劳力、设备和材料资源等信息的跟踪管理，从而确保项目目标的实现。监理工程师依据合同，以信息管理作保证，实行全方位的跟踪、指导、服务和监理，牢牢地掌握和控制着施工的主动权。

管理信息系统是一个人机系统，更是一个社会技术系统。小浪底建管局办公自动化系统的建设，“两岸四地”（黄河两岸，郑州、洛阳、小浪底水利枢纽和西霞院反调节水库）已初步实现了无纸办公；同时，库区水情自动测报系统、库区泥沙淤积监测系统、发电机组计算机监控系统、水工闸门计算机监控系统、枢纽工业电视监控系统、枢纽调度自动化系统的运用，实现了对小浪底水利枢纽和西霞院反调节水库的优化调度、经济运行和黄河中下游地区的防洪、防凌、减淤、供水、灌溉等社会功能。小浪底的管理文化较好地把管理信息系统理论转向社会实践，转向系统与企业、系统与环境的交互作用之中，实现了现代科学管理的跨越。

（五）业主主导，“抓两头，带中间”——中国特色的管理文化模式

小浪底主体工程开工后，3个联营体中的外国老牌公司和中国水电劲旅14个公司涌入小浪底，还有国内11个施工单位纷纷投标分包工程。一夜之间，小浪底村变成了“地球村”、“小联合国”。针对复杂的管理关系，小浪底建管局确立了业主在建设管理中的主导地位，坚持重大问题由业主决策，充分发挥业主对承包商、监理工程师和设计单位的协调作用。

主体工程开工不久，由于种种原因，Ⅱ标施工工期一再被延误。为了赶回工期，在水利部的果断决策下，小浪底建管局以旺盛的文化创造力驾驭现实，大胆引进中国成建制施工单位，以劳务分包的形式从承包商手中分包关键的导流洞开挖和混凝土衬砌工程。一个全由中国施工单位组成的联营体——“OTFF”便在小浪底产生了。“OTFF”模式是菲迪克条款所没有的，世界银行官员认为这是对FIDIC条款的突破和创新。

在三个土建标的实施中，业主发包给国际承包商的工程项目，国际承包商又将部分项目以工程分包、劳务分包的形式分包给外国公司和中国公司，于是就形成“中—外—中”或是“中—外—外—中”的合同链。针对这样一个“夹心饼干”式的叠加格局，业主以“抓两头，带中间”为管理手段，与中方承包商和分包商建立起“责任上分，目标上合；岗位上分，思想上合；对外部分，对内部合”的行为机制，使中国建设者无论是分包商还是劳务分包商都拧成一股力量，有力地推动了国际工程建设的顺利进行。

五、精神文化的发展观

“精神文化，如语言、哲学、艺术、法律、道德规范、风俗习惯、宗教信仰以及创造这些精神产品的思维方式等都是精神文化。”

每一个时代的文化都是在以往文化遗产的基础上形成和发展起来的，这就是文化的继承性。小浪底的精神文化是在继承和创新中不断发展起来的。

（一）用艰苦奋斗精神叩开实现梦想的大门

小浪底工程是一个漫长的梦，它沉睡了半个多世纪。20世纪90年代初，小浪底前期工程是在国家经济较为紧张的情况下开工的。面对艰苦的创业，小浪底建管局党委继承中国水利水电的建设传统，把艰苦奋斗作为创业的原动力，团结和带领中国建设者发扬艰苦奋斗精神。住工棚、吃方便面、下河取水、用自制煤油灯照明……以“三年任务两年完成”的优秀业绩，通过了世界银行专家团15次严格检查和正式评估，使50多年来几代治黄人的梦想终于变成了现实。

（二）弘扬爱国主义精神为“九七截流”直辟绿色通道

在主体工程建设初期，人们普遍认为，外商有钱，有先进的设备，有先进的技术，有国际管理模式，有权威性的菲迪克条款，小浪底工程建设准会一帆风顺，万事大吉，何况业主与国际承包商只有合同往来，没有行政隶属关系，小浪底建管局党委的思想政治工作和精神文明建设失去了对象。针对人们的迷惑，小浪底建管局党委理直气壮地提出：党的领导不能在小浪底形成空白。

由于Ⅱ标施工工期的延误，如期截流渺茫，于是外商提出了高额索赔和推迟一年截流的要求。若答应外商的要求，不仅会给国家带来巨大的经济损失，而且影响着中国改革开放的形象。面对严峻的形势，小浪底建管局党委沉着应对，郑重地提出“截流是小浪底最大的经济，又是小浪底最大的政治”，在全工区发出“在中国人面前，我们是小浪底人；在外国人面前，我们是中国人”的号召，同时不失时机地组织业主、设计、监理和包括“OTFF”在内的中方分包商召开截流动员大会，层层发动，“为祖国而战”成为一致的誓言，极大地激发起中国建设者高昂的爱国主义精神，立即掀起一场确保截流“报效祖国”的赶工之战。

赶工战役一打响，小浪底建管局党委提出：小浪底是国际工程，更是中国的工程，主人翁的地位不能在小浪底放弃，从而作出“既当小工，又当主人”的动员。中方建设者怀着“为中国人争气”的使命感和责任感参战，经过长达22个月的顽强拼搏，攻克重重险阻，力挽狂澜，夺回了延误的11个月工期，为如期实现截流开辟出一条绿色通道。

（三）树两个“五湖四海”旗帜，统领“小联合国”

参加小浪底工程建设的万余名中外建设者，来自50多个国家和地区，由于文化不同，价值观各异，生活及工作方式的差别，计划经济与国际惯例管理模式的迥异，各种摩擦和撞击屡屡发生。如何把“小联合国”的思想统一到一块，把“世界各地”的力量凝聚到一起，实现“国际化”管理？这对小浪底建管局党委是又一个严峻的考验。

针对小浪底的这一特点，小浪底建管局党委在全工区倡导“共同体意识”，扯起两个“五湖四海”的旗帜（一是中国的建设者要搞好“五湖四海”，二是中国建设者与外籍人员要搞好“五湖四海”）。在工区建立了由所有国内施工单位参加的党务联席会议制度，及时传达贯彻党的方针政策，统一布置思想政治工作，使业主关于工程建设的意图得以顺利贯彻，从而有效地组织和团结起中方建设者；在保截流抢工期间，业主采取向施工一线工人送温暖活动、开展多种形式的创先争优活动、表彰中外有功人员等中国文化方式，极大地调动起中外建设者的工作热情，顺利实现了第一个“五湖四海”。

在两个“五湖四海”的旗帜下，业主、监理工程师和设计单位都诚心实意地把自己放在“服务”的位置上，积极主动地为中外承包商解决施工中的干扰和困难。

两个“五湖四海”的实现，“小联合国”不同的文化模式在小浪底相安无事，中西方文化在这里相互交流和渗透，构成小浪底中西合璧的和谐文化。

（四）坚持公益性效益优先原则，一切服从国家和人民利益

小浪底水利枢纽自1999年10月进入初期运行起，小浪底建管局就逐渐把小浪底人的价值取向从“建设一流国际工程”提升到“一切服从于国家和人民的利益”的新境界。面临沉重的还贷压力，运行好枢纽，多发电，增加效益，可以说是小浪底建管局的首要任务。但是如何处理好大局和小局的关系，担负起重大的社会责任，小浪底建管局作出了坚定的抉择——坚持社会效益优先的原则，把爱祖国、爱人民落实在这一坚定不移的原则上。

1972～1999年的28年中，黄河下游河道有22年发生断流，断流总天数1092天，最大断流长度700千米，下游沿黄地区用水受到严重影响，黄河水的供需矛盾日渐加剧。为解决沿黄地区工农业生产、人民生活、生态和环境用水，从小浪底水利枢纽正式蓄水运用起，小浪底建管局坚决服从黄河防汛总指挥部的调度指令，无条件地向下游供水。期间启用发电最低水位以下死库容，停关机组163天。截至2006年11月，小浪底水库向下游供水1414.98亿立方米，其中在发电用水外为抗旱、保护生态和环境提供水量430.21亿立方米。小浪底不惜牺牲局部利益，满足下游供水需求，遏制黄河连续10年的断流，谱写了“一曲绿色颂歌”。

小浪底精神文化呼唤、培养和造就一个胸怀大志、勇于奉献的人的集体。胸怀大志、勇于奉献的小浪底人在创造先进的物质文化、管理文化的同时，不断发展和创造着自己的精神文化。

六、小浪底文化功能的社会观

小浪底文化功能不仅提供给建设者建造工程的能力，而且培养和造就小浪底人的社会人格。无论是工程建设，还是在枢纽运行期，小浪底建管局坚持以人为本，树立全面、协调、可持续的科学发展观，打造小浪底文化。同时又把“小浪底”置身于社会之中，以更加宽广的视野看待工程建设和枢纽的科学运行，对社会承担起责任，发挥维护和推动社会的发展功能。

（一）“小浪底环境保护开创了中国大型水电项目的先河”，“小浪底移民项目是世界银行同中国合作的典范”

小浪底工程自着手规划和建设起，就一改过去重“征服自然”而忽视保护自然，重移民搬迁而忽视移民安置的陋习，将环境保护和水土保持建设放在和工程建设同等重要的位置。为了保护小浪底施工区和移民安置区的优美环境，小浪底建管局率先把工程环境保护和移民条款列入合同，建立起业主、监理、承包商、协作单位和咨询机构共同组成的环境保护工作体系，并与工程监理同步进行，对环境负责，对移民负责，对社会负责。

小浪底工程处在黄土高原的边缘，在这“黄土高原”上，65吨位的大型载重汽车，跑在施工道路上，却看不到扬尘；100多条洞室的掘进同样看不到灰尘；搬走了“石门沟”和“李家坡”两座大山，也看不到尘土……在小浪底“五条巨龙”奔驰的后面，都伴随着五条扑尘灭尘的“一条龙”服务。小浪底挖填总工程量1亿立方米，被誉为“当代愚公移山”，而偌大一个施工区要做到“一尘不染”，不能不说是一个奇迹。小浪底的确做到了。对特殊的施工作业，小浪底建管局要求更为严格。在二期防渗墙施工中，Ⅱ标承包商宁可从法国进口昂贵的膨润土施工，也决不让施工的泥浆浊液污染黄河。小浪底洞群施工明文规定，不管是“哪国”的汽油车，一律不准进入施工隧洞，以确保洞室空气的清洁。

小浪底工程在改造环境的同时注重环境的再创造。始终坚持水土保持和环境建设同步进行，在工程开工之初，就播撒绿色梦想的种子。据不完全统计，10多年来，工区水土流失综合治理面积1085公顷，工程防护面积602公顷，植树150多万株。昔日荒瘠的山谷，如今变成了花园式的工区和国家水利风景区。

小浪底工程环境保护的显著成效得到国内外环境咨询专家的一致称赞："小浪底环境保护工作开创了中国大型水电项目的先河，其经验具有普遍意义。"2002年，小浪底水土保持工程通过水利部组织的水土保持治理工程竣工专项验收，得到验收组的高度评价："本项目的水土保持治理工程达到国内先进水平，为我国大型开发建设项目的水土保持提供了经验，值得总结推广。"2003年，小浪底环境保护工作荣获国家环境保护总局授予的"国家环境保护百佳工程"，2004年被评为"全国水土保持示范工程"。

为了搞好小浪底20万移民的搬迁安置工作，小浪底建管局制定了《小浪底水利枢纽移民安置区环境管理实施细则》，建立了对传染病的防范监控、统计报告制度。小浪底移民区每年的灭鼠灭蚊蝇工作，对饮用水的消毒，对地表水、大气、噪声的定期检测等，与小浪底施工区同步进行环境监理，严格要求承包商按合同办事，确保移民施工区的优良环境……

小浪底卓有成效的移民工作得到世界银行和国际特别咨询专家组的一致好评。世界银行副行长卡奇先生由衷地称赞："小浪底移民项目是世界银行同中国合作的典范，也为其他国家利用世界银行贷款建设大型水利设施和妥善处理移民问题开创了一条路子。"

（二）悬河形势得到缓解，"这是一个了不起的奇迹！"

小浪底建管局以诚信、负责的社会人格，对社会承诺：始终服从黄河中下游广大人民的根本利益这一宗旨，为维护黄河健康生命、促进黄河中下游地区的稳定与和谐发展多作贡献。

由于小浪底水利枢纽在治黄战略上的地位，小浪底与黄河、黄河中下游广袤地区有着特殊的联系。小浪底对于黄河和黄河中下游地区是福祉；黄河健康和黄河中下游地区社会稳定和谐、人民安居乐业、区域经济的发展对于小浪底是责任。从这点看，小浪底文化功能更注重于它的社会效应。

2003年，黄河中下游地区遭受到20年不遇的“华西秋雨”，进入初期运行的小浪底枢纽下闸蓄洪，实施有效拦洪，大大缓解了下游的防洪压力，直接防洪效益超过85亿元。

从2002年起，黄河水利委员会以小浪底水利枢纽为平台，每年的丰水季节都要进行一次调水调沙，每次都将6000多万吨泥沙冲入大海，实现了黄河下游主河槽全线冲刷，主槽过洪能力得到了明显提高，悬河形势得到缓解。水利专家赞叹：“这是一个了不起的奇迹！”

由于小浪底水库的调节，黄河下游断流的现象得以消除，黄河河口地区最低生态用水得到保障，湿地萎缩趋势得到有效遏制。下游生态系统的修复，使黄河三角洲国家自然保护区的鸟类数量由断流前的187种增加到283种，绝迹多年的黄河铜鱼和刀鱼又重返黄河河口。现在每年来河口栖息、觅食的各种候鸟已超过100万只，昔日的盐碱地变成了候鸟回归的天堂。

今天的小浪底人不仅是工程的主人，也是健康黄河的主人。为实现人与自然的和谐相处，创造和谐的社会环境，推动中下游经济和社会的发展，小浪底水利枢纽发挥了不可取代的作用。这些正是小浪底文化功能社会观的根本所在。

小浪底已成为古老黄河的一颗年轻心脏，系着康复黄河生命的希望。建设健康黄河是小浪底人的最大心愿，也是治黄人孜孜以求的梦想，一切正渐渐地走近。

无论是工程建设期，还是枢纽运行期，无论是前任领导，还是现任班子，小浪底建管局对小浪底文化的执着不曾削减，而且在不断开拓、探索和创新小浪底文化。2004年，小浪底建管局正式启动企业文化建设工程，制定了《小浪底企业文化纲要》，建立了系统的企业精神、企业理念、企业标识和行为规范等。把“维持黄河健康生命，推进企业持续发展”确立为企业使命，把服务大局、构建社会主义和谐社会作为运行管理的最高目标，把社会责任和社会人格作为文化重点之一予以强化。目前，小浪底建管局的内部和谐和外部和谐的环境已经建立，与时俱进的小浪底文化正在兴起。

小浪底以其鲜明的个性文化，创造了昨天，推动着今天，它必将催生着更加美好的明天。

打造基层先锋共青团组织
为推进企业科学和谐发展贡献力量

□刘红宝　张红建　刘强中

黄河是我国第二大河，在我国国民经济、社会发展、文明起源和文化传承中具有重要战略地位。小浪底水利枢纽位于黄河在中下游最后一个峡谷的出口，是治理开发黄河的战略性工程，具有防洪、防凌、减淤、供水、灌溉、发电和生态保护等多项综合性功能。小浪底建管局隶属于水利部，主要负责小浪底水利枢纽和西霞院反调节水库的建设和运行管理工作。现有职工近600人，其中35岁以下青年近300人，占50%左右。

小浪底建管局团委成立于1996年，直属共青团河南省委领导，下设10个团支部。小浪底建管局团委自成立以来，在共青团中央、共青团河南省委和小浪底建管局党委的领导下，始终以邓小平理论和"三个代表"重要思想为指导，认真贯彻落实科学发展观；始终以改革创建的精神团结和带领广大青年，努力奋斗，顽强拼搏，促进青年成长成才，服务企业改革发展，努力打造基层水电企业先锋共青团，为小浪

本文为2008年8月共青团中央会议交流材料。

底工程建设和运行管理作出了重要贡献。

一、强化教育引导，着力打造高素质的青年队伍

打造思想素质好、综合技能强、作风扎实的青年队伍，是团组织的重要使命。

（一）打造思想素质高的青年队伍

小浪底建管局团委自成立以来，始终把加强政治理论学习，提高团员青年的思想政治素质放在十分重要的位置。根据党委的统一部署和形势的需要，小浪底建管局团委及时开展了学习党的十五大、十六大、十七大精神活动，召开了“学习邓小平理论”系列座谈会，组织了“学习和实践‘三个代表’重要思想”主题教育活动，强化了社会主义核心价值观、“八荣八耻”等教育。学习上采取脱产培训、外出考察、听取专题辅导、座谈交流、撰写心得体会等多种方式进行，不断拓展学习载体，并密切联系实际，提高学习成效。通过学习教育，团员青年的思想政治素质不断得到提高，在广大团员青年中形成“爱国、爱党、敬业、进取、奉献”的良好氛围，为团员青年积极投身于小浪底工程建设和企业改革发展奠定了坚实的思想基础。

（二）打造综合技能强的青年队伍

当今社会需求的是复合型人才，只有水利技术一技之长还不能适应经济社会发展需求。针对团员青年合同意识不强和英语水平不高的特点，小浪底建管局团委组织了工程合同、英语知识竞赛等一系列活动；针对团员青年重技术、轻语言表达的特点，适时开展青年辩论赛、即兴演讲比赛等活动，锻炼团员青年的语言表达能力、临场应变能力和逻辑思维能力；针对团员青年写作水平薄弱的特点，开展了“我眼中的小浪底”写作比赛，以提高写作水平；针对个别团员青

年存在小富即安、小进则满的思想，开展了“增强忧患意识”主题教育活动。

（三）打造作风扎实的青年队伍

小浪底建管局团委开展了以“永远跟党走”为主题的增强团员意识主题教育活动，通过增强团员意识，锤炼团员青年以团为荣、争做表率的作风；组织了“两个务必”教育活动，通过学习，锤炼团员青年求真务实、扎实工作的作风；开展了多次民主生活会，通过开展批评与自我批评，查找问题，改进作风。

二、发挥团组织的战斗堡垒作用，团结带领团员青年为企业中心任务而努力奋斗

多年以来，各级团组织充分发挥战斗堡垒作用，根据企业不同时期的工作中心，开展不同形式的活动，团结带领团员青年为中心任务而努力奋斗。

（一）为工程建设作贡献

1994年小浪底主体工程开工，一时间来自世界54个国家的中外建设者云集小浪底，小浪底成为了“小联合国”。中外文化激烈交融，中西观念激烈碰撞。为在“小联合国”里发挥作用，小浪底建管局团委积极响应局党委提出的“建设一流工程，总结一流经验，培养一流人才”，“在外国人面前我们是中国人，在中国人面前我们是小浪底人”，“报效祖国，为祖国而战”等号召，提出了“哪里有困难，哪里就有团员青年”的响亮口号，奏响了顽强拼搏、努力奋斗的号角，先后开展了争创文明示范岗、争创文明标兵、争创十佳青年、组建青年突击队等活动，其中10支青年突击队获团中央表彰。在“保截流、赶工期”的关键时刻，小浪底建管局团委积极响应局党委提出的开展创建全国“青年文明号”活

动的号召，在全工区营造了“争、学、比、干”的良好氛围。这些活动，在团员青年中唱响了立足本职、努力工作、钻研技术、岗位奉献的主旋律，使主体工程建设取得了工期提前、质量优良、投资节约的优异成绩。

（二）为综合效益发挥作贡献

2002年底，小浪底水利枢纽最后一台机组发电，主体工程全部完工，小浪底建管局的中心任务转变到水利枢纽的运行管理和谋求企业的科学和谐发展上，充分发挥水利枢纽的社会、生态、经济效益任务非常艰巨，又一个重任摆到了小浪底人面前。小浪底建管局团委认真分析新形势、新任务，按照局党委提出的“人才强局”、“科技兴局”战略，紧密结合实际，先后开展了“我为发电作贡献”的主题教育活动、“工程建设强制性条例”知识竞赛、青年专业技术论文评比等活动；在2003年“抗非典”的特殊时刻，为使小浪底工区成为“一片净土”，局团委发出了“团员青年向前冲”的号召，团员青年在工区一线值班进行体温检测和安全防范；针对机关搬迁郑州，团员青年点多面广、相对分散的特点，为加强团队意识、增强凝聚力，局团委自我加压，开展了创建全国“五四红旗团委”活动。这些措施，有力地服务了水利枢纽的管理，使小浪底水利枢纽发挥了巨大的综合效益，确保了黄河中下游地区人民生命财产安全和经济社会的又好又快发展。

三、认真组织“献爱心”工程，用“爱心”服务于社会

用“爱心”服务社会，是新时代青年应尽的一份责任。小浪底建管局团委在引导青年献身工程建设和运行管理的同时，始终将服务经济社会发展作为重要工作来抓，并逐步形成了三大活动品牌。

（一）保护母亲河行动

小浪底水利枢纽建设于黄河之上，小浪底建管局团委利用这一便利条件，积极开展了“保护母亲河”活动，每年组织团员青年到工区义务植树，积极建造“青年世纪林”，为“母亲河”增色添绿，为促进生态建设，维持黄河健康生命作贡献。如今，黄河中下游生态系统正逐步得到改善，小浪底库区昔日的荒瘠山谷已被乔木、花卉、草坪组成的立体群落所代替，一幅人与自然和谐相处的美丽画卷正在小浪底悄然铺开。

（二）志愿者服务活动

志愿者服务活动是共青团组织的品牌活动，是社会文明的一部分，小浪底建管局是全国文明单位，青年志愿者必须发挥作用。为保证水利枢纽能够安全度汛，小浪底建管局团委每年都要组建青年志愿者突击队，负责工区的防洪救灾工作，并积极开展应急演习。针对工程建设期间条件艰苦、服务缺少的特点，组织团员青年进行义务理发。针对工程施工点多面广、职工搬家多的特点，组织团员青年为老职工进行义务搬家。另外，还组织了义务献血、义务宣传等多项活动。

（三）爱心捐助活动

爱心捐助活动也是社会文明的一部分。无论是1998年的特大洪水，还是2008年的特大地震，小浪底建管局广大团员青年都慷慨解囊，积极捐款捐物。尤其是“5·12”地震发生后，面对突如其来的自然灾害，小浪底建管局广大团员青年积极响应共青团河南省委的号召，在第一次捐款的基础上，积极缴纳特殊团费，人均捐款达1000元，在河南省团组织中名列前茅。积极做好希望工程捐款活动，小浪底建管局团员青年中有多人分别承担贫困地区一名小学生整个小学期间的学杂费用。设立了“爱心基金”，全局广大团员青年捐款3万多元，用于表彰奖励小浪底建管局帮扶的洛阳栾川县秋扒乡和河南济源市砚瓦河村的优秀小学生，每年表彰奖励一次。

四、切实加强团的组织领导，不断推进团组织自身建设

加强团的组织建设。小浪底建管局第一届团员代表大会明确了团的组织机构，成立了团委和各团支部，选举产生了团委委员，配备了专职团委书记和兼职团干部。10年来，随着小浪底建管局工作任务和组织机构的变化，团组织设置和专兼职团干部不断进行调整。在2001年机构改革中，为加强团的工作，配备了专职团委书记、副书记，并对团支部和兼职团干部进行了大的调整，适应了工作的需要，促进了共青团工作的开展。现在全局已经形成了组织健全、干部齐备、覆盖面广的团组织体系。

加强团干部素质建设。采取以会代训、听取讲座、召开座谈会、外出考察、工作指导等方式，加强对专兼职团干部的教育，提高团干部工作水平和能力，不断加强团干部素质建设，打造了一支思想素质高、工作能力强、作风过硬的专兼职团干部队伍。

经过多年的努力，小浪底建管局团委的工作得到了共青团河南省委、小浪底建管局党委和广大团员青年的充分肯定，小浪底建管局团委获得“河南省五四红旗团委”称号，先后有66人次被共青团中央、共青团河南省委授予“新长征突击手”、“优秀团员”、“模范团干部”、“新长征突击手”等荣誉称号。

五、企业共青团工作体会

（1）上级组织的重视和关心是共青团工作的保障。共青团中央、共青团河南省委高度重视企业团的工作，下发文件安排部署，有关领导多次到基层进行调研和指导。小浪底建

管局党委也一贯重视和支持共青团的工作，多次听取团组织汇报，多次研究共青团工作，积极为团组织开展工作创造条件，为青年成长成才搭建舞台，这是共青团工作的根本保证。

（2）围绕中心任务开展工作是共青团工作的根本。小浪底建管局团委紧紧围绕小浪底工程建设、水利枢纽安全运行、企业可持续发展的中心任务作为工作的主攻方向，充分发挥自身优势开展青年喜爱、企业需要、贴近实际的多种形式的活动，在活动中贯穿企业文化导向，使团员青年始终保持正确的政治方向、健康向上的热情和高昂的士气，使共青团组织有了活动载体，这是共青团工作的根本。

（3）服务青年是共青团工作的落脚点。共青团是培养教育青年的大学校，担负着培养造就青年的责任，共青团工作的落脚点应该紧紧立足于服务青年上。小浪底建管局团委从这一落脚点出发，研究青年、了解青年、认识青年，及时掌握青年的思想动态，有针对性地开展教育培养工作，不断提高青年的综合素质。

（4）切实加强团的自身建设是共青团工作的关键。共青团组织是党的助手和后备军，以党建带团建、以党建促团建是加强团的组织建设的有效途径。只有发扬“党有号召、团有行动”的光荣传统，在实际工作中当好助手，寻找发挥作用的最佳位置，才能使团的工作在服务大局中求认同、求作为、求发展。

（5）解放思想、不断创新是共青团工作的生命。作为先进青年的群众组织，共青团只有适应时代发展，解放思想、与时俱进，不断创新与探索新的工作方法和活动方式，摒弃因循守旧、安于现状的保守观念，突破单一的、定向的思维方式，树立开拓进取、大胆探索、勇于实践的创新观念，才能使共青团工作水平不断提升。

小浪底水利枢纽外部形象文化建设

□刘红宝　杨　静　陈　岭

水文化这一概念，迄今为止人们仍未达成共识，正如有的学者所指出的文化概念那样："文化是一个没有严格定义的内涵极为丰富的概念，不同学者、不同学科赋予了不同的范畴。"不同学者、不同学科对水文化也赋予了不同的范畴。在《中国水文化概论》中将水文化概括定义为："水文化是人们在水事活动中创造的物质财富和精神财富的能力与成果的总和。"不论概念如何定义，水文化作为文化的重要组成部分，也可分为三个层次，即物质、规范、精神三个方面，前者即为载体文化、外部形象文化，是物质基础层；中者即为制度文化，是物质与精神文化的规范中介层；后者即为意识形态文化，是精神核心层，三个层次构成水文化的完整体系。水文化建设必须从这三个方面着手，分别予以推进。

小浪底水利枢纽工程，以其重要的战略位置、显著的社会效益、宏伟的工程规模、复杂的技术难题、严格的运用要求和国际化的建设管理模式，被国内外水利专家公认为是最具挑战性的工程之一。在工程建设和运行管理期，小浪底人

本文为2008年9月中国水利职工思想政治工作研究会第四学组会交流材料。

充分发扬“艰苦奋斗，报效祖国”的精神，提出了“在外国人面前我们是中国人，在中国人面前我们是小浪底人”，“建设一流工程，培养一流人才，总结一流经验”的口号，倡导了“安全第一”、“公益性优先”的理念，确立了“维持黄河健康生命”的企业使命，形成了独具特色的小浪底工程建设和运行管理文化。自工程开工建设以来，来自国内外的参观考察者骆绎不绝。为更直接地向外界展示小浪底工程建设和运行管理的精神，近年来，小浪底建管局在推进物质文化和精神文化建设的同时，大力加强了外部形象文化建设。主要做法如下。

一、积极推进工程形象文化建设

工程形象文化是了解工程的最直观载体。近年来，小浪底建管局加大力度，积极推行工程形象文化建设。

（一）建造爱国主义展厅

1996年6月，江泽民总书记在视察小浪底工程时指出：“小浪底工程很壮观，体现了一种宏伟的气势，是进行爱国主义教育的好场所。”为落实江泽民总书记的指示，在2004年，小浪底建管局建造了近700平方米的爱国主义展厅，分鼓舞篇、黄河流域概述篇、战略篇、战役篇、科技篇、旗帜篇、移民篇、荣誉篇、使命篇等部分，用图文和专题片播放等形式，再现工程建设时的宏伟场景，全方位介绍了小浪底工程的建设历程和运行管理中发挥的重要作用，体现了全体建设者顾全大局、不畏艰难、艰苦奋斗、顽强拼搏、锐意进取的精神，突出了小浪底人的爱国主义精神和科学发展观理念，成为考察参观者首站必选之地。

（二）建设工程文化广场和工程雕塑广场

为使考察参观者了解这一宏大工程的构造和施工器械，

小浪底建管局在坝后保护区建设了工程文化广场。工程文化区设置了按1：18.7比例缩小的大坝断面模型，通过断面模型可以直观地看到填筑5000多万立方米大坝的构造。保留了洞群施工用的钢模抬车，在洞群施工中，钢模抬车代替了传统的木模浇筑工艺，不仅大大提高了工效，而且确保了洞体的浇筑质量，为导流洞施工立下了“战功”。摆放了“佩尔蒂尼”自卸载重汽车。该车载重量65吨，轮子直径2米，由意大利生产制造，拦河大坝的土石填筑就是靠这种车辆运输的。

为纪念小浪底工程的参建各方，小浪底建管局建设了“建设者之歌”雕塑广场。广场中设立了一座“三足鼎立”的主体雕塑，高约21米，代表业主、设计、施工三方共同承担小浪底水利枢纽工程建设。雕塑从不同角度看都像英文字母“H”，它又是黄河汉语拼音的第一个字母。以主体雕塑为中心，旁边竖立了6座雕塑，高约6米，分别代表设计、监理和Ⅰ、Ⅱ、Ⅲ、Ⅳ标的承包商。各座雕塑都根据设计、监理和不同承包商的工作任务用粗犷的手法简捷地寓以不同的意义。

工程文化广场和工程雕塑广场长年守护在坝后，与大坝相伴，与大坝相依。这里有拟人化的情感，更有小浪底先进生产力的代表和象征意味，是小浪底一种物化了的文化，是爱国主义展厅的延续。

（三）绿化美化环境

小浪底建管局非常重视工区的绿化美化工作，在主体工程建设基本完成之后，就因地制宜，对绿化美化进行了全面的园林式规划。根据规划，通过“保护母亲河”、建造“世纪林”等活动，水土保持综合治理面积1085公顷，工程防护面积602公顷，植树150万株。昔日的荒瘠山谷如今被乔木、灌木、花卉、草坪组成的立体群落所代替，变成了花园式的坝后保护区。保护区内开辟了湖心岛，岛上种有苹果树、银杏树、芭蕉树、女桢树等经济树木和花草，建造了拱桥、山亭、曲桥汀步等景点。岛的东面设有爬山廊形茶室，造型新颖别致、节节登高，犹如大鹏展翅。岛的北侧设立了大型花坛式阶梯瀑布与湖中心扬程为50米高的喷泉对应。整个坝后保护区人文景观与自然景观浑然一体，赶上丰水季节或调水调沙，工程出水口3条排沙洞和3条明流洞同时喷涌，巨流呼啸，气势磅礴，与小浪底景色交相辉映，人与自然和谐相处，成为小浪底的独特风景，实现了向生态水利的转变。小浪底工程先后被授予“国家环境保护百佳工程”、“水土保持示范工程”等称号。

二、大力加强视觉识别系统文化建设

视觉识别系统文化是外部形象文化的重要组成部分。2004年，小浪底建管局聘请专业的北大朴智管理咨询公司对局企业文化建设进行了全面规划和设计，制定了《小浪底建管局企业文化规划》，形成了新的企业文化体系，视觉识别系统文化为其中重要内容之一。

（一）设计了局标和局旗

企业标志和旗帜是视觉形象的核心，它构成企业形象的基本特征，体现企业内在素质。企业标志和旗帜不仅是调动所有视觉要素的主导力量，也是整合所有视觉要素的中心，更是社会大众认同企业品牌的代表。因此，企业标志和旗帜设计，在整个视觉识别系统设计中具有重要的意义。

小浪底建管局以水的概念为设计核心元素，标志右侧的曲线象征黄河由远方奔腾而来，左侧的两条曲线代表翻起的浪花，喻示小浪底建管局事业蓬勃发展、生生不息；三条曲线，代表小浪底建管局多元化发展的经营理念；中间的球星突出小浪底建管局在黄河上的枢纽控制地位，同时喻示小浪底是镶嵌在黄河上的一颗明珠。标志整体造型构成小浪底拼音字母“XLD”，构成小浪底名称的联想。

小浪底建管局将淡蓝色、白色作为局旗底色，象征水的清洁，喻示小浪底建管局是水利单位，旗帜中间为企业的标识，更加突出了企业性质，并将国旗、局旗摆放在领导办公座、会议室等场所。

（二）规范了标准色和标准字体

标准色和标准字体是企业向外界传达信息的重要标识，能给人形成统一、强烈的印象，烘托出企业整体形象。正确运用标准色是塑造企业形象的关键。

小浪底建管局将浅蓝、深蓝和黑色三种颜色作为企业标准色，同时为适应不同的场合和环境，突出小浪底建管局标志，又设计了9种色彩作为辅助色。

设计了中、英文标准字体及其横竖排列形式，并将局标与中、英文字体的组合以及横竖排列形式进行了进一步规范。

为了增强企业视觉识别系统的活力、扩张力和识别性，广泛增强视觉沟通和传播效果，小浪底建管局还设计了“水纹”抽象图案，作为设计应用中的辅助图形。

（三）印制了日常工作用品和标志用品

具有象征企业精神的日常工作用品和标志用品，是表达企业形象的重要一环，通过使用这些物品，潜移默化地影响职工的思想，起到宣传、统一、规范企业形象的重要作用。

小浪底建管局统一设计了职工名片，制作了带有企业标识和标准字体的来访证、信封、信纸、传真纸、文件袋、文件夹、工作证、徽章、茶杯、光盘封套、座位牌、贺卡、请柬、邀请函、手提袋等工作用品。同时，设计了运动场、餐厅、停车场、电梯等区域标识牌和导向牌。

三、努力促进软形象文化建设

软形象文化是相对能看得见的硬形象文化而言的，也是外部形象文化的重要组成部分。小浪底建管局新的企业文化体系中，也将软形象文化作为重要内容进行建设。

（一）创作了局歌

企业歌曲是企业的精神力量，是企业的有声名片，是树立企业形象的良好载体，是打造企业品牌不可缺少的宣传方法。一首好的歌曲可以激励一个时代，鼓励、振奋一代人；可以唱红一个景区，唱火一个企业，唱响一个品牌。

2006年，小浪底建管局邀请著名词曲作家张丕基、朱景和、李幼容、王世光等组成创作队伍，为小浪底建管局创作了《小浪底之歌》、《大河小浪一支歌》、《小浪底之波》、《黄河的眼睛》等7首歌曲，并将主推歌曲制作成了MTV电视片。

近两年来，小浪底建管局大力加强对职工唱局歌的培训，将局歌放到了数字化办公系统上，同时安排专业音乐人教职工演唱。现在，局歌在职工内部已广为传颂。

（二）统一手机铃声

统一手机铃声是小浪底建管局软形象文化建设的一个特色。小浪底建管局以企业使命、企业精神及宣传小浪底水利枢纽地位和作用等作为内容，制作成手机铃声，定制在小浪底建管局每名职工的手机上。当拨打电话给小浪底建管局任何一名职工的时候，“欢迎致电水利部小浪底水利枢纽建设管理局，‘维持黄河健康生命，谋求企业持续发展’是我们的历史使命……”“黄河小浪底水利枢纽是治理和开发黄河的关键性控制工程，它以防洪、防凌、减淤为主，兼顾供水、灌溉、发电，为黄河中下游的社会经济发展，为维持黄河健康生命提供了坚实的保障……”的优美手机铃声就徐徐响起，让外界了解小浪底建管局的企业文化，了解小浪底水利枢纽的地位和作用。这基本不需要任何投入，就起到了很好的宣传效果。

（三）组织系列大型文艺活动

文艺活动具有寓教于乐、易于传播的特点，对于提高企业知名度，树立企业形象具有很好的宣传效果。近两年来，小浪底建管局每年年底都组织一次大型文艺晚会，节目都由职工自编自演。向小浪底水利枢纽运行管理人员和西霞院反调节水库参加建设各方进行慰问演出，很好地宣传了工程。

与此同时，小浪底建管局结合单位工作性质，打造了具有特色的表演唱《逛小浪底》、豫剧合唱《小浪底之歌》等5个品牌节目，供随时演出使用。如2008年5月，全国水利系统离退休干部迎奥运第二届麻将比赛在小浪底枢纽管理区进行，在闭幕式上，小浪底建管局为参赛的全国水利系统的老同志演出了一场“欢乐小浪底”文艺晚会，收到了很好的宣传效果。

四、几点体会

（1）现代大型水利工程建设和运行管理过程中需要加强水文化建设。现代大型水利工程是国家和社会投入巨资兴建的重要的水利工程设施，承担着防洪、灌溉、发电和生态保护等重大社会职责，在改善民生、构建社会主义和谐社会中发挥着重要作用。水文化是人们在水事活动中创造的物质财富和精神财富的能力与成果的总和，具有引导、凝聚、激励和束缚等作用。在大型水利工程建设和运行管理过程中加强水文化建设，可以促进工程运行管理者树立强烈的责任意识，更好地履行社会责任，使工程发挥综合效益；可以树立工程的形象，提升工程的地位，塑造工程品牌。

（2）大型水利工程中的水文化建设必须将外部形象文化作为重要内容。外部形象文化建设是文化建设的重要组成部分，是文化的外在表现，具有特别直观、容易传播、感染力强、见效快的特点。大型水利工程的建设和运行管理过程中加强外部形象文化建设，可以很好地宣传工程，使其地位和作用很快得到社会的认同，对内可以凝聚人心、鼓舞斗志，对外可以营造良好的建设和运行管理内外部环境。

（3）形象文化建设必须体现在工程建设和运行管理的各个方面。小浪底建管局主要从工程形象文化、视觉识别系统文化和软形象文化三个方面着手开展，将形象文化体现到工程的外在形象建设和企业的日常用品的统一、规范等方方面面。

把握要求　突出特色
着力把学习培训引向深入

□小浪底建管局党委

做好学习培训是深入贯彻落实科学发展观、扎实开展学习实践活动的基础和前提。自2008年9月下旬小浪底建管局学习实践活动启动以来，局党委高度重视，精心组织，周密部署，紧紧围绕科学发展这个主题，紧紧抓住各级领导班子和党员领导干部这个重点对象，紧紧联系管理小浪底工程这个实际，以“管好民生工程、谋求多元发展”为实践载体，不断丰富学习内容、创新学习方法、提高学习效果，按照全程、全员、深入的要求，开展了思想发动、集中培训、专家辅导、集体研讨、典型发言、中心组学习和领导干部作学习报告等多种学习活动，使学习培训取得了明显成效，为开展好学习实践活动后续工作奠定了扎实的思想基础和理论基础。

一是围绕主题深刻学。围绕科学发展开展学习，是学习实践活动取得实效的重要前提。小浪底建管局在学习培训过程中，紧紧围绕科学发展这个主题来组织，无论是在党员思

本文为2008年11月水利部深入学习实践科学发展观活动学习交流会议交流材料。

想的发动上，还是在活动方案的制定上；无论是在个人自学的要求上，还是在各级组织组织的集中学习上；无论是在领导班子的中心组学习上，还是在党员干部的讨论中；无论是在邀请专家的辅导上，还是在党员代表的典型发言中，都紧扣这一主题来进行，用这一主题统领学习培训，用这一主题贯穿学习培训阶段始终。支部集中学习着重学习科学发展观的深刻内涵、精神实质；扩大学习培训班，紧扣科学发展进行专题讲座，围绕科学发展进行专题讨论，对照科学发展查找存在差距；在党支部组织的讨论中，紧密结合自身实际，围绕如何深化对科学发展观的理解、如何提高科学发展能力去展开。

二是领导带头示范学。坚持把领导带头、典型示范贯穿始终是中央和水利部党组对开展学习实践活动提出的重要要求，也是确保学习实践活动取得实效的关键。自学习实践活动开展以来，小浪底建管局各级领导班子充分发挥模范带头作用，引领学习培训活动深入开展。一是局领导班子带头学习，领导班子成员自觉带头先学一步，学深一点，多学一些，示范带动。二是带头宣传讲解，殷保合局长、张善臣副书记等分别结合全局实际和个人学习体会，带头作学习动员辅导报告，积极宣讲和引导。三是各级领导带头讨论交流，局班子成员主动参加研讨和交流，带动全局党员干部深入学习和思考；各党支部班子集中研讨，12个部门、单位一把手典型发言，典型示范，带动一般。

三是带着问题深入学。学习实践科学发展观，最重要的一条就是要按照科学发展观的要求，深入分析思考，切实找准突出问题，明晰思路整改提高。自学习实践活动开展以来，按照理论联系实际的要求，把学习培训和查找问题结合起来。在学习的过程中，始终把如何在管好民生工程、长远规划与发展、制度建设与创新、精细化管理、党的建设等五个方面实现新突破贯穿于学习的全过程，要求广大党员干部带着问题学习、研讨、思考，在此基础上理清思路，更新观念，强化意识，从而解决问题，实现新的发展。

四是结合实际灵活学。紧密结合实际，突出实践特色是学习实践活动的基本要求。在学习培训过程中，小浪底建管局牢牢贯彻这一精神：首先，在学习内容上，紧密结合小浪底建管局从“建管并重”向“以枢纽运营管理为基础，增强多元化发展实力”转变的实际，在全面学习的基础上，重点学习陈雷部长讲话精神、局动员大会部署，并安排中央党校教授有针对性的辅导。其次，充分利用小浪底建管局先进的会议视频系统开会、座谈、讨论，提高时间利用效率。再次，充分发挥小浪底建管局现有网、报资源优势，在局数字化办公平台上开通学习实践活动专栏、设置专用邮箱，在《小浪底》报上开辟了学习实践活动专题报道栏目，保证所有参加活动人员及时学习上级文件精神、及时下载学习资料、及时了解活动进展情况。最后，在学习培训的组织上，统一安排，分头组织，多部门、单位及人员异地联动，网上通知、电子公告、电子邮件、手机短信、电话齐头并举，组织工作严谨高效。

五是统筹兼顾认真学。深入开展学习实践活动意义重大、时间紧迫，是当前全党政治生活中的一件大事。小浪底建管局要确保民生工程发挥最大的效益，小浪底水利枢纽即将竣工验收，西霞院工程要进行尾工建设，枢纽管理和企业发展的任务都非常艰巨，我们必须按照中央和水利部党组的要求，做到两者统筹兼顾，两促进、两提高。其一是利用各种场合、文件强调各级领导干部要思想认识到位，要及时把活动摆上重要议事日程。其二是在工作安排上，强调统筹兼顾，既抓生产，又抓思想，要通过层层动员，要求广大党员职工正确处理好活动与工作的关系，要超前考虑和安排，协调好工作与活动的矛盾，工作和活动发生矛盾时，要提前请假并事后补课。其三是在活动的组织上，要求有关部门和人员分轻重缓急，合理安排，结合实际创新形式，提高效率。在具体实施过程中也很好地体现了这一原则并取得了良好的效果。

通过围绕主题、领导带头、带着问题、联系实际、统筹兼顾的学习方式，小浪底建管局学习培训取得显著成效。一是广大党员干部对学习实践活动重要性的认识明显增强，统一了思想、凝聚了力量，增强了投身学习实践活动的积极性、主动性。二是对科学发展观的理解明显深化。讨论和发言中，大家纷纷表示，原来认为科学发展观是一个理论问题，是上层领导的事，与这些具体做业务的人关系不大，通过系统的学习，对科学发展观的科学内涵、精神实质和根本要求有了进一步的理解，意识到，科学发展观不仅是一个理论问题，更是一个实践问题；不仅是世界观，也是方法论，对每项工作、每个岗位都有重要的指导意义，理念意识逐步发生了重大转变。三是对运用科学发展观分析存在问题的能力明显提高。通过学习，初步分析出了小浪底建管局还存在管好民生工程、改革创新、促进企业发展、精细化管理、人才培养等方面的突出问题，为下一步工作提供了良好的基础。四是运用科学发展观解决问题的步伐明显加快。如在制度建设上，小浪底建管局将以更大的决心，通过进一步的调研、专家咨询，定于11月底前，制定出台一揽子人事制度，构建起更加完善的人事、奖惩、激励制度和机制。

总之，小浪底建管局的学习培训工作既落实了中央和水利部党组的要求，又紧密结合实际，突出了特色，并取得了实实在在的成效。我们也认识到，与高标准严要求相比，与兄弟单位相比还有不少差距。在今后的活动中，在水利部学习实践活动领导小组的指导下，通过学习借鉴，我们将进一步予以改进和提高，确保整个活动取得扎实成效。

强化监督管理 规范招标投标程序 促进工程建设健康开展

□赵英治 巴秋莲

对招标投标实施监督是监察部门的重要职责，也是监察工作与企业经营工作的有机结合，是加强企业党风廉政建设的一项重要措施。近几年来，小浪底建管局对水利工程建设和物资采购招标投标的监督管理十分重视，通过建立组织、完善制度、规范运作、严格监管，实现了公共资源最佳配置，拓展了从源头防治腐败工作领域，达到节省投资、保证工程质量、提高经济效益的目的。经过几年的探索和实践，小浪底建管局逐步形成一套行之有效且相对固定的招标投标监督模式和工程建设中的反腐倡廉机制，取得了一定的成效。

一、未雨绸缪，纳入惩防体系统筹部署

小浪底水利枢纽工程完工后不久，作为其配套工程——西霞院反调节水库于2004年开工兴建。西霞院工程概算投资21.965亿元，其中国家投资16.965亿元，小浪底建管局筹资5亿元。为使工程建设在“公开、公平、公正”的市场环境中

本文为2008年11月全国水利系统行政监察工作会议交流材料。

通过平等竞争选择承包商，既能在建筑市场实现竞争择优、优胜劣汰的市场经济原则，又能选择合适的队伍，承担建设任务，达到节省投资、保证工程质量、提高经济效益的目的。小浪底建管局结合实际，科学规划，统筹部署，在西霞院反调节水库工程开工之时，成立了招标投标领导小组及其办公室，制定出台工程管理与招标投标“管招分离”监督办法，明确监督重点、监督主体、监督方法和监督职责。

（一）齐抓共管，凸现监督监察为先

2005年，在制定惩防体系实施方案时，把监督管理作为招标投标工作的关键环节，纳入小浪底建管局惩防体系建设这一纲领性文件之中。惩防体系实施方案明确招标投标监督监察工作的重点和主办单位、协办单位、责任人，从而使工作有了抓手。在做好招标投标监督管理的同时，开展教育、制度、监督并重的一体化运作，共同为工程建设、物资采购、资金投入、工程质量等经营环节保驾护航。始终坚持用制度和监督保证招标投标程序规范，用教育和监督推进招标投标制度的落实，用教育和制度提高监督检查功能。

（二）建章立制，完善招标投标制度体系

招标投标工作是一项规范性、技术性强且十分复杂的工作，加强招标投标监督管理，保证程序运作规范，必须有制度作保证。在这几年的工作中，结合实际，根据惩防体系实施方案意见和反腐败斗争的要求，不断补充完善水利工程、物资采购招标投标办法、项目管理监察工作办法、招标投标监察工作规定、专家库管理办法、招标评标工作纪律、保密规定及合同管理、货币资金管理、固定资产管理办法等10多个规范性文件，基本形成了比较完善和行之有效的招标投标监督管理制度体系，使工程项目及物资采购招标投标工作科学稳步推进，逐步引向深入。

（三）全面监管，不留盲点

在西霞院工程的103个标段和物资设备采购全部立项，纳入招标投标监督管理的同时，我们注意到小额工程即80万元以下的工程项目发包在法规上没有明确的操作规定，缺乏有效的监督管理。小额工程不仅是监督的盲点，给商业贿赂、以权谋私以可乘之机，而且工程易出现质量安全问题。为使小额工程发包监督管理走上法制化轨道，2005年，经研究将单项合同估算价20万元以上的勘测设计、运行维修、物业服务，30万元以上的物资采购，50万元以上的工程施工、安装、技改项目全部列入招标投标监督管理范围。至此，西霞院反调节水库工程和小浪底水利枢纽运行维护及其他项目，全部在监督下规范运行。更令人欣慰和振奋的是，迄今为止招标投标不仅未发生一起法律纠纷，更未发现一起贪污受贿案件。取得这一成绩，得益于小浪底建管局领导的重视和规范有效的招标投标监督管理。

二、加强监督，保证招标投标运行规范

（一）堵住源头，避免不良行为

针对社会上出现的串标或一个投标人持多家资质围标的问题，一是严格投标人资格审查，对投标人的资质、资信、身份、工作证件等进行严格审查，明确规定参加投标报名的人员必须是法人代表或法人委托代理人，并交付各种证件的复印件。二是对投标中弄虚作假、串通投标的，取消投标资格，让其出局。堵住这个源头，就能杜绝或最大限度地减少投标人串标、围标等问题。

（二）加强事前监督，规范招标程序

（1）设立专人监督，明确工作职责。监察部门在接到招标人的招投标通知后，立即设立专人，明确工作职责，并邀

请一名招标人的工作人员协助开展监督工作。监督人员对招标评标全过程监督，即对招标项目的审批手续、公告发布、文件编制、标书递交、封存、开启、资格审查、唱标、评标、记录等进行监督。

（2）监督招标行为，增加透明度。监督人员做到提前介入，熟悉掌握招标文件。一是对招标文件是否按照水利部及小浪底建管局现行的招标投标范本进行编制，是否载明详细的评标标准和方法，是否有重大偏差和规避招标进行审查；二是监督招标公告的发布，并对报名投标的条件、接受投标时间及检查有无排斥报名投标的情况进行检查；三是监督招标文件的发售时限，避免排斥潜在投标人的情况。

（3）监督专家抽取，保证评标公正合理。一是监督招标人严格执行评标专家从专家库随机抽取，做到专家人数不少于评委成员总数的2/3；对招标人按比例推荐本单位的评标代表，报局招标领导小组批准和在监察部门备案后，方可进入现场进行评标；二是严格做好专家人员的保密，通知评标专家只告诉评标时间、地点、联系人及联系电话，不告诉评审项目和评审地点，做到评标专家在监督下集中，送往评审地点。

（三）加强事中监督，重点做好关键环节管理

（1）监督开标现场工作。监督招标人按照招标文件确定的时间、地点开标，不得随意变更时间和地点，拒绝接受开标截止时间后送达的投标文件。开标时，监督人员邀请投标人推选代表与其一起对投标文件的密封情况进行检查，确认无误后，由工作人员当众拆封，监督人员监督投标文件拆封、核验唱标是否准确，发现问题立即制止。

（2）监督评标工作。一是严格执行回避制度，与投标有利害关系的评标工作人员和评标专家予以回避，确保评标顺利进行；二是严格评标纪律，组织参加评标的专家和工作人员学习讨论评标纪律，提高遵章守纪和保密意识；三是严格执行招标文件规定，对超出招标文件规定或违反评标程序的，监督人员予以制止；四是严格执行评标专家独立评审和民主表决制；五是监督评标澄清工作，对需要澄清的问题，监督澄清件的发送与接收，防止向投标人明确其投标文件中的遗漏和错误或接受投标人主动提出的澄清；六是对废标认真组织专家复议，尤其是对报价第一名的投标文件出现废标情况时，提出建议认真复查，以示负责。

（3）履行职责，做好保密管理。根据小浪底建管局实际情况，对单项估算价3000万元以上的招标项目，评标地点选择在远离市区的郊外，对3000万元以下招标项目的评标地点选择在便于管理的场所，尽量避免市中心不便封闭的场合，同时备选一个场所，以备特殊情况时使用。参与评标的人员实行集中住宿，切断与外界的联系电话，移动电话集中管理。特殊情况下，需对外联系时，在监督人员监督下进行电话联系。

（四）加强事后监督，确保招评标“公平、公正”

（1）做好定标工作，把好决策关。按照评标委员会从高分到低分的顺序推荐的2～3名中标候选人，交局招标领导小组定标。定标按照招标投标法和国家计委等七部委联合颁发的《评标委员会和评标方法暂行规定》的有关规定，接受评标委员会推荐的第一中标候选人为中标人。中标人确定后，招标人及时向中标人发出中标通知书，同时通知未中标人。中标合同在小浪底建管局内部会签后，招标领导小组办公室与中标人签订合同，并在合同签订后的五个工作日内向未中标的投标人退还投标保证金。

（2）畅通投诉渠道，做好投诉处理。小浪底建管局在招标文件和开标会上都公布投诉方式、地址、联系电话等，并在小浪底工区和郑州生产指挥中心设立举报箱，投标人及其他人可随时向局招标领导小组和监察部门投诉或举报。多年来，我们接到两起投诉，都认真调查核实，并按规定向投诉人反馈，维护了招标评标的公正性。

（3）管好中标人队伍，保障工程安全。对中标人队伍的管理做到两点，起到承前启后、抓后促前的效果。一是加强对中标人投标书作出承诺的管理，防止中标人为了能中标，在投标书上承诺的是一套，而中标后又进行转包、分包，一旦发现及时纠正，甚至终止中标资格；二是加强施工现场管理，强化工程质量，确保生产安全。强化投标承诺和施工管理，起到对准备到西霞院反调节工程投标的投标人的警示作用，没有金刚钻甭揽瓷器活。

三、围绕工程建设，深入推进反腐倡廉

（一）建检合作，共筑预防犯罪新机制

建筑领域是职务犯罪的易发区域。借鉴社会上“工程上马、干部下马”的沉痛教训，有效防止西霞院反调节水库工程项目职务犯罪的发生，确保“工程安全、资金安全、干部安全”。2004年4月，小浪底建管局与河南省人民检察院共同制定《关于在西霞院工程建设中开展预防职务犯罪工作意见》，建立联席会议制度，成立以双方主要领导为主的专项工作领导机构。2004年5月，在施工现场召开预防职务犯罪大会，河南省、洛阳市人民检察院的主要领导和建设、施工单位的领导及重点部门、岗位的100多人参加了会议，声势大，影响强，营建了反腐倡廉氛围。几年来，小浪底建管局与各级人民检察院携手，定期联络，加强沟通，积极探索和建立预防职务犯罪新机制，对易发、高发问题的重点环节、

岗位，加强监督管理，严格执行项目法人制、工程招标投标制、工程监理制，坚决杜绝工程建设中的违规、违纪和不正之风的发生，做到一手抓工程建设、一手抓廉政建设。目前，西霞院主体工程已完工，工程单项验收总体为优良。通过开展预防职务犯罪工作，不仅促进了工程建设的顺利发展，也使我们深刻认识到，“兴水利更要保廉洁，保廉洁必须抓预防”。

(二)“廉洁合同”进工地，携手营建廉政风

为造就一支廉洁、优秀的项目管理和施工队伍，做到无违法犯罪、无重大安全质量事故，探索研究工地廉政建设的新途径、新方式，在招标投标领导小组的重视和支持下，制定印发了《小浪底建管局加强工程项目管理、物资采购、合同管理廉洁自律暂行规定》及《廉洁自律责任书》、《廉洁承诺书》等。按照规定，工程项目管理、物资管理、合同管理单位与小浪底建管局签订《廉洁自律责任书》，工程项目和物资采购招标的中标单位，在签订工程合同的同时签订《廉洁承诺书》，明确双方廉洁、纪律和管理责任，公布投诉地点和电话，实行有效监督，多年来，没有发生一起违法违纪案件，确保了“工程优质、干部安全”。

四、几点体会

(一) 领导重视，大力支持是关键

小浪底建管局主要领导及领导班子十分重视招标投标工作，多次召开会议，建立机制，理顺关系，把投资项目运行过程置于法律法规和企业经营管理的制约之下，有效防止了对国家和企业经济利益的不法损害，既保证项目运行安全，又确保了工程质量安全。

（二）健全制度，规范操作是保障

实践证明，只有建立健全各项规章制度才能使监督工作有章可循，有的放矢。自2004年以来，根据工作需要，先后研究制定了一系列制度和措施，有的制度反复修改完善，还针对显而易见的投标人信用低、弄虚作假、一个投标人持多份资质围标、串标等问题，制定了监督措施和罚则；另外，对招投标的名词、概念，如什么是违法转包、分包，进行权威解释，加以防范，这对实际工作是非常重要的。

（三）主动介入，相互配合是条件

水利工程招标投标是一项系统工程，涉及面广，技术性强，既要有业务部门的规范管理，又要有监察部门的依法监督，否则，就难以顺利进行和取得成效。监察部门充分利用自身的职能特点，发挥优势，把监督关口前移，是从源头上防止腐败的一项重要措施。同时，要发挥各业务部门的积极性，相互配合，把常规性的监察方法、手段，同业务部门的业务监督结合起来，做到分工明确，优势互补，形成合力，顺利完成监督管理任务。

（四）提高自身素质是前提

招标投标的监督是对其程序和环节的监督，监察部门作为监督的主体，首先要从讲政治的高度看待招标投标工作，带头遵守招标投标法，严格履行职责，公正执法；二要加强政治理论和业务知识的学习，熟悉掌握招标投标程序、关键环节和业务知识，不断提高业务能力，认真做好监督工作；三要找准位置，不越俎代庖，做到到位而不越位，既要坚持原则，又要灵活处理出现的各种问题。

统筹安排　突出实践
推动学习实践活动深入开展

□小浪底建管局党委

深入调研和解放思想讨论是学习实践活动第一阶段的重要环节，小浪底建管局高度重视，先后召开专题会议统一安排和要求。全局23个调研课题，采用书面调研、座谈、问卷调查等方式进行，共发放书面调研提纲70多份、调查问卷486份，组织调研座谈会15次，约570人次参与了调研活动。在学习培训、深入调研的基础上，开展了“管好民生工程，谋求多元发展”的解放思想大讨论，所有党员以部门为单位参加。全局共举办讨论会48次，形成书面讨论报告24份，约310名干部职工参加了讨论。另外，还举办了全局范围的调研成果交流会、局党委中心组（扩大）解放思想讨论会以及“建设企业文化、增强企业科学发展软实力”主题论坛。

在深入开展调研、思想解放讨论过程中，小浪底建管局紧紧围绕活动主题和实践载体切实做到四个“狠抓”和四个“突出”，取得了较好效果。

本文为2008年11月水利部深入学习实践科学发展观活动深入调研和解放思想讨论会交流材料。

一是狠抓学习培训，突出理论武装。我们始终将学习贯穿于活动的全过程，在注意做好“五学”（领导带头示范学、围绕主题深刻学、带着问题深入学、结合实际灵活学、统筹兼顾认真学）的同时，始终把理论武装、转变观念放在突出的位置，教育和引导大家以科学发展观为指导，审视过去、理清思路，不断提高运用科学发展观指导实践的实际本领。

二是狠抓理论联系实际，突出实践载体。小浪底建管局当前最大的实际就是管理小浪底枢纽和西霞院工程，并充分发挥好小浪底的社会、生态和经济效益。按照科学发展观和水利部党组可持续发展治水思路的要求，紧密结合实际和企业长远发展内在需求，确定了“管好民生工程，谋求多元发展”的活动载体，并紧紧围绕这一实践载体深入调研和开展解放思想大讨论，集中民智，汇策于民。实践载体突出，方向明确，不空谈、不泛化，效果明显。

三是狠抓解决问题，突出寻求突破。开展学习实践活动，关键在于解决问题。按照这一原则，小浪底建管局紧紧抓住解决问题这个核心，把需要解决的问题放在实施方案的突出位置加以强调，围绕解决问题去布局和展开学习培训、调研和讨论。在此基础上，局党委明确提出，要紧紧抓住解决问题这个关键，力求通过学习实践活动，在管好民生工程、长远发展、制度建设、精细化管理和党的建设等五个方面实现新的突破。

四是狠抓统筹安排，突出两个不误。面对小浪底工程竣工验收、安全运行、各项任务十分繁重的实际，活动做到实施方案细致周全。长计划，短安排；超前谋划、上下结合、左右协调、灵活方式；大会小会，集中分散、异地视频，确保两促进、两不误。

通过真抓、抓实，小浪底建管局学习实践活动已经初显成效，具体体现在：查找了四个方面的主要问题，初步分析了原因，进一步明确了一个目标，强化了两个方针，深化了四个理念，提出了四项举措。

四个方面的主要问题：一是小浪底建管局长远发展问题；二是更加规范科学的制度体系建设问题；三是扎实推进精细化管理问题；四是党组织政治保障作用需进一步发挥的问题。存在上述问题的主要原因是：形势的发展提出了更高的要求，少数党员干部思想观念、能力作风还有差距，存在小富即安，责任意识、忧患意识、市场意识不强的现象。

一个目标：进一步明确了“管好民生工程，谋求多元发展”的目标。

两个方针：更加强化了以科学发展观为指导和始终坚持“两手抓、两手都要硬”的工作方针。

四个理念：进一步深化了民生工程理念、精细化管理理念、制度化管理理念和党组织政治保障理念。

四项举措：一是要积极研究制定“三五”发展规划、人才和科技工作规划，进一步完善安全管理体系，优化两库调度和运行；二是要加大政策研究和调研工作力度，从健全、深化、执行三个层面加强制度建设；三是要全面完善精细化管理体系，强化考核、督办和责任追究；四是要以改革创新的精神不断推进党的建设，深化调研，创新方式，加强宣传引导。

“六大支柱”高层次构建精神文明大厦

□小浪底建管局党委

小浪底建管局隶属水利部，主要负责小浪底水利枢纽和西霞院工程的建设与管理工作。近几年来，全局以对党、对国家高度负责的精神，始终以邓小平理论和“三个代表”重要思想为指导，认真贯彻落实科学发展观，坚持“两手抓，两手都要硬”的工作方针，认真践行水利部可持续发展和民生水利的治水思路，以“民生、安全、人本、文化、和谐、绿色”六大支柱，构建起一座新时期的精神文明工程，不断推动精神文明建设向更高层次迈进，为自身的壮大提供强有力的精神动力，为黄河中下游的社会和谐和经济较快、平稳发展提供坚实的支撑。小浪底建管局连续两届获得“全国文明单位”称号。

一、“民生小浪底”——大胸怀担负精神文明的光荣使命

遵照陈雷部长关于水利工程要把民生问题放在更加突出的位置的指示精神，小浪底建管局党委把打造民生工程列入精神文明的首要任务，作为运行和管理小浪底水利枢纽与西

本文为2008年12月水利部精神文明建设工作会议交流材料。

霞院工程的指导思想。多年来，全局始终秉承“献身、负责、求实”的行业精神和坚持“公益性”优先的社会责任感，企业效益服从社会效益，经济效益服从社会效益，严格按照“电调服从水调”的要求，努力发挥枢纽的综合效益：连续9年实现安全度汛，有效解除了黄河下游凌汛灾害；9次调水调沙，使悬河形势得到缓解；利用水库调节为下游增加供水，确保黄河连续9年不断流，提高了下游沿黄地区供水保证率和入海口的生态需求流量，改善了黄河下游生态环境；清洁的电力能源缓解了河南电网用电紧张的局面，促进了地方经济的发展。

二、“安全小浪底”——大责任打造精神文明的牢固基石

精神文明是安全的前提，安全是精神文明的基石。小浪底水利枢纽的安全不仅是枢纽自身的生命，而且是直接关系到河流的安全、关系到下游广大人民群众生命财产的安全、关系到下游地区经济可持续发展和社会稳定的大事。

小浪底建管局党委把“干部安全、工程安全、资金安全”作为建设“安全小浪底”的一个重要目标，确保精神文明建设积极、健康发展。主要做法是，始终将安全作为全局工作的重中之重，倡导“安全第一”的理念，实行防汛工作责任制、安全总体预警制、大坝安全会商制、检测资料分析制、工程质量监管制，确保了“工程安全”；以“精细化管理”为手段，不断加强规划、计划、项目管理，完善预算和成本控制，及时修编规章制度，强化督察督办和贯彻落实，内部管理更加规范有效，确保了“资金安全”；通过加大廉洁教育力度、实行廉政建设责任制、开展职务犯罪预防、签订廉洁自律责任书等，积极推进党风廉政建设，构建教育、制度、监督并重的惩防体系，确保

“干部安全”。牢固的“安全圈”，打造出让人民放心的“安全小浪底”。

三、“人本小浪底”——大尊重浇筑精神文明建设的核心

以人为本是精神文明建设的本质要求，是时代精神的核心。多年来，小浪底建管局党委一直把以人为本作为发展的最高价值取向，尊重员工、鼓励员工、培养员工，以员工为主人，把不断满足员工的全面的需求、促进人的全面发展作为发展的根本出发点，构建“人本小浪底”。

一是在全局建立起相互尊重、相互理解、相互信任和相互关心的人际关系。实行职工代表大会制、实行局长接待日、召开局领导与职工信息沟通交流会、召开民主生活会和情况通报会等双向沟通和平等对话方式，尊重员工的主人翁地位，尊重员工的权利和利益，尊重员工的意见和呼声，不断丰富与员工沟通和交流的平台，创造出融洽的内部人际关系。二是尊重劳动、尊重知识、尊重人才、尊重创造，树立人力资源是第一资源观念。近几年，小浪底建管局大力实施“人才强局、科技兴局”战略，采取了多种有力措施：召开人才暨科技工作会议，规划部署人才培养和科技发展工作；设立人才开发基金，用于人力资源开发；公开选拔专业技术拔尖人才，予以表彰和享受津贴待遇；在水利系统率先开展岗位知识和能力体系建设，积极进行学习型组织建设。这些措施为人才成长搭建了完善的平台，全局科技创新蔚然成风，一批批人才茁壮成长。自2005年以来，全局科技人员立足岗位，取得了45项技术改造成果和26项科研成果，很好地解决了枢纽运行和工程建设中的关键难题，其中9项科技成果分别获得省（部）级以上优秀科技成果奖。

四、“文化小浪底”——大手笔成就事业的驱动力

在知识经济越来越广泛受到重视的时代背景下，企业文化不仅成了企业竞争的源泉和企业的无形资产，而且是企业可持续发展的驱动力。通过先进企业文化的建设，创造人与企业和谐发展的人文环境，已成为当今企业发展的必然趋势。小浪底建管局在工程建设中创造了中国特色国际工程管理模式，实现了“双向接轨”的探索，在这一特色文化的基础上，2005年，又制定了《小浪底建管局企业文化纲要》，明确了小浪底人未来美好的愿景、核心价值和小浪底理念体系，职工在规范自己的行为的同时，充分利用小浪底文化的感召力和凝聚力，不断推动全局的进步发展。在局歌的传唱中，在局旗的飘扬下，全局开展了员工文学、摄影等文艺创作活动，举办大型职工文艺演出等重大活动，文化氛围浓厚，文化品位得到进一步提升。

在西霞院、尼尔基、公伯峡、穿黄工程等工程建设中，树立了小浪底文化品牌，收到很好的成效——承建的西霞院工程成为水利行业首个达标投产工程和水利系统文明工地，承担监理的公伯峡大坝获青海省“江河源”杯奖和“中国建设工程鲁班奖（国家优质工程）”，小浪底工程监理有限公司被中国水利水电质量管理协会评为“优秀企事业特别奖”……这些都是小浪底工程留给我们的宝贵的物质文化，也是小浪底品牌文化的辐射。拓展小浪底文化，从文化中获取事业成功的驱动力，从成功中打造“小浪底”品牌文化。

五、“和谐小浪底”——大视野构建人与人、人与社会的大和谐

以人为本的发展观，从根本上说就是要寻求人与人、人

与自然、人与社会之间关系的总体性和谐发展。小浪底建管局以构建大和谐为目标，实现了水利事业、地方经济和自身发展的有机统一，创造了和谐的内外部环境。

针对小浪底建管局兼具水利行业和电力企业职能的特点以及中央驻豫单位的性质，多年来，通过各种途径加强对外宣传和沟通交流，积极处理好与水利系统各部门、电力企业有关单位、地方各级政府等各方面的关系，为企业发展创造了和谐的外部环境，实现了水利事业发展、服务地方经济、促进自身发展的有机统一。在关心职工生活方面，全局将人性化管理渗透到各项工作中去。通过开展职工带薪休假制度、“健康快车”活动、职工保健检查、不断改善办公条件、改善职工生活环境、节日慰问职工等，让职工切实感受到了大家庭的温暖。人情味的管理让员工有一种归属感，逐步增强了企业的向心力和凝聚力。为改善前期工程“先工程后生活”的居住条件，在工区、郑州、洛阳规划建设了员工住宅小区。小区内绿树成荫，芳草萋萋，花香四溢，蜂飞蝶舞，环境优美宜人，员工的起居条件和生活环境大为改善。郑州生活小区被郑州市评为改善人居环境“先进单位”和授予“园林小区”称号；洛阳生活小区被洛阳市评为卫生“先进单位”和授予“园林小区”称号。

六、“绿色小浪底”——大气魄展示小浪底人的精神风范

加强环境保护，营造优美环境是精神文明建设的重要内容。工程建设伊始，小浪底建管局就把环境保护工作作为工程建设的组成部分，与工程建设同步进行，并贯穿于工程建设的始终。采取治理与防治相结合、生物措施与工程措施相结合、治理水土流失与重建和提高土地生产力相结合方式，统筹布局各类水土保持措施，保持施工区一方净土，一泓碧

水，同时增大环境建设投入，植树造林，绿化美化。共完成水土保持综合治理面积1085公顷。其中完成林草措施面积483公顷，包括造林面积447公顷，种植草坪面积36公顷，总植树150多万株。同时，加大枢纽管理区空气质量的检测和整治，努力营造适宜植物生长的小流域气候。如今，小浪底库区昔日的荒瘠山谷已被乔木、花卉、草坪组成的立体群落所代替，一幅人与自然和谐相处的美丽画卷正在小浪底悄然铺开。继小浪底工程被授予“环境保护百佳工程”、“开发建设项目水土保持示范工程”、“国家级水利风景区”后，西霞院工程建设项目部也被评为“水土保持先进单位”。

在水利部党组的正确领导以及全局职工的共同努力下，通过“民生、安全、人本、文化、和谐、绿色”小浪底的六位一体的着力打造，全局精神文明建设不断向更高层次迈进。目前，在小浪底，文明之风吹拂，一座现代化水利枢纽正伴随着和谐的音符，在全面建设小康社会、构建社会主义和谐社会的道路上阔步前行。

认真做好分析检查工作
推进学习实践活动深入开展

□小浪底建管局党委

小浪底建管局学习实践活动第二阶段的工作，按照水利部统一部署和要求，在部指导检查组的具体指导下，以撰写好领导班子分析检查报告为主线，紧扣三个环节，扎实推进，各项工作均已圆满完成。

一、主要做法和成效

在分析检查这一学习实践活动承前启后的关键性环节期间，恰逢小浪底工程进行竣工技术预验收，各项任务十分繁重。为真正实现部党组学习实践活动、业务工作两不误的精神和要求，我们做到以下几点：

（1）启动部署上抓早。第一，方案早制定。第一阶段结束之前，小浪底建管局就着手研究和安排第二阶段的各项工作，12月1日前，第二阶段实施方案就全部印发到各支部，并及时召开支部书记专题会议进行部署。第二，主题早确

本文为2008年12月水利部深入学习实践科学发展观活动分析检查阶段总结暨整改落实阶段动员会议交流材料。

定。即及早明确生活会主题，大家早准备、早检查、早剖析。12月5日前，各党支部专题民主生活会召开完毕；12月10日前，党员专题组织生活会全部结束；12月10日，局班子民主生活会顺利召开。第三，分析检查报告早动手。在召开民主生活会的同时，局党委就着手研究拟定提纲、确定框架，组建写作班子，撰写分析检查报告。

（2）方案要求上抓细。一是将生活会的组织召开、分析检查报告的撰写、评议等各项工作的时间安排细化到天。二是对所有工作的前期准备、组织方式、主要内容、参加及列席人员、材料报送，甚至是有关发言时间等，一律细化要求，明确重点、规定动作、落实到人。三是征求意见表、生活会书面发言材料、书面情况报告、书面评议等材料，统一提供样本，明确内容及格式要求，“填空式”的工作方式很好地提高了效率和效果。

（3）实施过程上抓实。首先，在每一个环节启动时，局党委都召开党支部书记专题会议进行部署，抓住活动组织的“龙头”，确保各项工作扎实开展。其次，关键环节，局党委亲自把关。支部生活会，局领导班子成员按照工作分工及联系点分头参加；分析检查报告提纲的确定和撰写，主要领导亲自审定和全程主持；分析评议，局主管领导全程参加。再次，学习实践活动办公室按照领导小组的要求，将各项工作安排表格化，随时督促和检查落实。最后，局领导班子分析检查报告的撰写实行相对“封闭”，初稿形成后，局党委及时召开专题会议修改完善。随后，采取分层次座谈会和书面评议等方式，在全局范围内组织评议，广泛征求意见和建议。

正因为我们“抓早、抓细、抓实”，做到早中求细、细中求实、实中出成效，取得了良好的工作效果。

二、贯彻落实科学发展观存在的问题

小浪底建管局当前工作中存在的主要问题是：抓长远发展的工作力度有待进一步加大；制度建设有待进一步加强；精细化管理有待进一步推进；党组织的政治保障作用有待进一步发挥。问题存在的主要原因：一是新的形势和任务给我们提出了更高的要求；二是部分党员干部职工的思想意识、工作作风和学习的自觉性还不能完全适应。

三、今后工作的总体思路、发展方向和对策措施

在第一阶段工作的基础上，通过深入分析检查，我们思想更加解放，认识更加统一，思路更加清晰，方向更加明确。

（1）发展方向：管好民生工程，谋求多元发展。

（2）工作目标：以科学发展观为统领，在民生工程管理上，成为安全管理的典范、承担社会责任的典范、工程综合效益最大化的典范、大型水利枢纽先进管理的典范，并最终成为管好民生工程的典范。在多元发展上，立足管好民生工程，以实现最佳效益为目标，以加强规范管理为保障，以改革创新为动力，做强紧密多元，发展相关多元，不断增强企业发展的综合实力、核心竞争力、可持续发展能力。

（3）对策措施：努力实现“五个突破”。一是进一步完善安全规章，健全安全生产管理和应急体系，加强安全监测和隐患排查，夯实安全管理根基；深化调度、水库淤积和洪水资源化利用等的研究，不断优化调度方式和枢纽运行管理模式，总结提升大型水利枢纽运行管理理念和层次，充分发挥枢纽的综合效益，在民生工程管理上取得新突破。二是科学制定“三五”发展规划，进一步明确长期发展目标体系、

举措、方法和步骤，拓展多元发展的工作思路，在长远发展上取得新突破。三是以改革创新的精神，不断推进党的建设、精神文明建设、企业文化建设、党员干部队伍和班子建设，在党的工作上取得新突破。四是加强调研和咨询，进一步完善和创新干部人事、公司管理、资本运作、奖惩激励等制度体系，以更大的决心，在制度建设上取得新突破。五是加强理念宣贯，明确工作目标，细化具体要求，在精细化管理上取得新突破。通过五个方面的不断突破，努力开创小浪底建管局科学和谐发展的新局面。

做到六个贯穿始终和六个着力 学习实践活动取得显著成效

□小浪底建管局党委

自2008年9月底学习实践活动开展以来，按照中央和水利部党组的统一部署，在水利部指导检查组的指导下，小浪底建管局部署上抓早、方案上抓细、实施上抓实、组织上抓“龙头”、环节上抓关键，顺利完成了学习实践活动3个阶段11个环节的工作任务，较好地实现了活动的预期目标。

一、主要做法和经验

着力确保学习实践活动按照中央和水利部党组的精神取得实效是不容懈怠的政治责任，也是自身发展的内在需求。为达到这一目标要求，在学习实践活动开展的过程中，小浪底建管局始终坚持六个贯穿始终和六个着力，即把学习培训贯穿始终，着力强化理论武装；把结合实际和创新贯穿始终，着力突出实践特色；把领导带头贯穿始终，着力示范带动；把边查边改贯穿始终，着力解决突出问题；把精心组织和谋划贯穿始终，着力确保活动效果；把统筹兼顾贯穿始

本文为2009年2月水利部深入学习实践科学发展观活动总结大会交流材料。

终，着力实现两促进、双丰收，取得了良好的活动效果。

二、取得的成效

短短半年的学习实践活动，达到了提高思想认识、解决突出问题、创新制度机制、促进科学发展的目的，具体表现在以下几方面：

（1）提高了认识和能力，进一步夯实了科学发展的根基。经过集中培训、分头自学、专家辅导讲座、座谈研讨、典型发言等多种形式系统而深入的学习和培训，全局广大党员干部对科学发展观的重大意义、科学内涵、精神实质和根本要求有了更加深入、全面的领会和把握，大家眼界更加开阔，思想更加解放，认识更加统一，行动更加自觉。理论水平和实际能力，尤其是统筹兼顾，推进科学发展的意识和能力明显提高。

（2）找准了问题和原因，进一步扫清了科学发展的障碍。通过广泛深入的调研，系统总结和理性审视，反复讨论和分析，切实找准了小浪底建管局自身在长远发展、精细化管理、制度建设和党的工作中存在的主要问题，认真分析了原因，有针对性地进行了整改，为小浪底建管局今后更好的发展扫清了障碍。

（3）确立了方向和目标，进一步明确了科学发展的方向。在科学发展观的指引下，当前，小浪底建管局“管好民生工程，谋求多元发展”的发展方向更加深入人心。按照这一发展方向，进一步确立了“在民生工程管理上，成为安全管理的典范，承担社会责任的典范，综合效益发挥的典范，大型水利枢纽管理的典范，并最终成为管好民生工程的典范；在多元发展上，加强水利项目建设管理和发电运行两大核心业务，强力推进咨询监理、工程施工、机电安装维护、旅游开发、房地产开发业务，积极探索新能源开发业务”的目标，为全局科学发展指明了方向。

（4）取得了显著的成果，进一步坚实了科学发展的基础。一是系统修订和出台了34项管理制度与办法，进一步完善了小浪底建管局科学管理制度体系和机制。二是进一步理顺了内部管理机构和程序，调整设立了安监处、基建办等新的生产管理部门。三是顺利完成了小浪底工程竣工技术预验收。四是继续保持枢纽显著的综合效益。五是在水电项目滚动开发上取得了新突破。这些显著成效为小浪底建管局科学发展进一步奠定了坚实的基础。

三、巩固和扩大学习实践活动成果的主要举措

努力构建三个长效机制：一是建立健全党员干部理论武装的长效机制；二是按照科学发展观的根本要求，构建管好民生工程的长效机制；三是拓展思路，完善举措，构建多元发展的长效机制。以这三个长效机制不断开创小浪底建管局科学发展的新局面。

高度重视　扎实推进　突出特色 促进企业科学和谐发展

□殷保合

在全党开展深入学习实践科学发展观活动，是党中央贯彻落实党的十七大精神，用中国特色社会主义理论体系武装全党的重大举措。自2008年9月下旬以来，按照中央和水利部党组的统一部署与要求，在水利部指导检查组的有力指导下，小浪底建管局以高度的政治责任感和使命感，紧紧围绕"提高思想认识、解决突出问题、创新体制机制、促进科学发展"的目标要求，广泛动员、精心组织，扎实推进。经过半年的共同努力，顺利完成了学习实践活动3个阶段11个环节的工作任务，取得了显著成效，群众满意度测评达到97.4%。

一、学习实践活动开展的基本情况

在近6个月的时间里，小浪底建管局学习实践活动按照学习调研、分析检查、整改落实三个阶段依次展开。

（一）迅速行动、广泛动员，扎实开展学习调研

9月27日，在水利部学习实践活动动员大会召开的第二

本文为2009年3月深入学习实践科学发展观活动总结材料。

天，小浪底建管局即成立了以局长为组长的学习实践活动领导小组及办公室，组织召开了专题会议，研究部署小浪底建管局学习实践活动相关事宜。相关人员加班加点研究制定实施方案。国庆节长假一结束，10月9日，全局学习实践活动动员大会按期召开。按照局党委统一部署和要求，各党支部也迅速行动，及时成立学习实践活动领导小组和工作机构，层层动员和部署，学习实践活动第一阶段的各项工作由此在全局迅速展开。局党委中心组多次进行了专题学习，举办了中心组（扩大）学习培训班，邀请中央党校教授作了专题辅导讲座，进行了学习研讨和典型交流。各党支部也采取多种方式开展学习培训。在深入学习的基础上，紧紧围绕需要重点解决的突出问题，在全局范围内，分层次、有重点地组织开展了调研活动。组织召开全局性的座谈会7次，形成了企业长远发展、党的建设、精细化管理、制度建设等4份局调研报告，并组织开展了调研成果交流。局属各二级单位也纷纷结合自身实际，进行了广泛深入的调研，形成正式调研报告12份。调研结束后，以“管好民生工程，谋求多元发展”为主题，广泛开展解放思想讨论，全局22个部门，先后组织召开讨论会48次，约310名党员干部职工参加了大讨论活动，形成解放思想讨论书面报告24份，提出建设性的意见187条。期间，小浪底建管局还组织进行了“建设企业文化，增强企业科学发展软实力”的企业文化论坛。

（二）围绕主线、精心组织，深入进行分析检查

从2008年11月下旬开始，以形成高质量的分析检查报告为主线，小浪底建管局学习实践活动转入分析检查阶段的工作。全局各党支部分别围绕“检查科学发展观贯彻落实情况”和“践行科学发展观，发挥模范带头作用”的主题，精心组织，陆续召开了领导班子民主生活会和党员专题组织生活会。在各党支部召开民主生活会的同时，局党委以书面形式，在党员干部中广泛征求了对局领导班子及成员的意见和建议，共征求到10个方面的意见和建议128条。局班子成员在专题民主生活（扩大）会上，紧密结合自身的思想和工作实际，进行了深刻的分析检查。在充分运用学习调研、征求意见和专题生活会成果的基础上，局以及各单位、部门紧密联系全局和本部门（单位）实际，认真撰写领导班子分析检查报告，反复修改和完善，查清问题，分析原因，确定贯彻落实科学发展观和实现长远发展的主要思路以及加强领导班子建设的具体措施。局领导班子分析检查报告形成后，从五个方面在全局范围内进行了广泛评议。从评议的结果看，全局职工对局班子分析检查报告给予了充分肯定，98.7%的人认为分析检查报告对科学发展观认识深刻，97.9%的人认为查找问题准确，98.1%的人认为分析原因透彻，98.1%的人认为发展思路清晰，97.7%的人认为工作措施可行。

（三）立足当前，着眼长远，积极进行整改落实

在充分运用学习调研、分析检查阶段工作成果的基础上，以局领导班子分析检查报告为主要依据，2009年1月12日，《学习实践活动整改落实方案》制定完成并正式印发全局落实。方案按照理论联系实际、科学合理、务求实效的原则要求，立足当前，着眼长远，确定了28项具体举措，并做到了“三明确、一承诺”。随后，依据整改落实方案的原则要求和具体安排，全局各级有关部门（单位）高度重视，进一步细化目标和责任，集中解决突出问题，完善制度措施，对于短期内不能完成的，列入相应的年度工作目标予以实施，确保各项整改举措落在实处。按照全局统一部署和要求，局属各党支部均制定了内部整改落实方案并积极进行整改。在整改落实阶段工作基本完成后，围绕学习实践活动基本情况、主要做法及特点、成效经验、存在问题及其原因、巩固和扩大学习实践活动成果的努力方向和主要措施等，全局对学习实践活动进行了全面的总结并认真开展了群众满意度测评。

二、主要做法

确保学习实践活动取得实实在在的成效，是我们不容懈怠的政治责任和全局实现更好发展的内在需求。本着这一目的和要求，在学习实践活动过程中，小浪底建管局坚持做到六个贯穿始终和六个着力，取得了令人满意的效果。

（一）把学习培训贯穿始终，着力强化理论武装

做好学习培训，强化理论武装，是学习实践活动取得成效的前提和基础。小浪底建管局始终把加强学习培训、提高思想认识贯穿始终，着力强化理论武装。在学习的部署和要求上，不仅仅局限在学习培训这一环节，而是每一阶段、每一环节，都把深化学习、加强武装作为重要内容予以强调，提出要求，作出安排。在学习培训方式方法上，采取集中培训、分头自学、专家辅导、座谈研讨、典型交流发言等多种方式进行，并做到“五学”，即领导干部带头示范学，围绕主题深刻学，带着问题深入学，结合实际灵活学，统筹兼顾认真学。在学习效果上，一方面，持续强化、不断深化全局广大党员干部，尤其是党员领导干部对科学发展观科学内涵、精神实质、根本要求的学习、领会和把握；另一方面，不断教育和引导大家解放思想、提高认识、转变观念，努力增强运用科学发展观分析原因、解决问题的能力，确保了学习培训的良好效果。

（二）把结合实际和创新贯穿始终，着力突出实践特色

一是紧密结合实际。学习实践活动重在理论联系实际，只有把科学的理论和各自的实际紧密结合起来，用科学理论

指导实践，分析查找并解决问题，才能更好地达到学习实践活动的预期效果。按照这一思路和原则，小浪底建管局学习实践活动自始至终紧密结合枢纽运行管理的实际、企业改革发展的实际、存在问题的实际、党员队伍的思想实际，去谋划、去切入、去展开。二是突出实践载体。小浪底水利枢纽是治理开发黄河的重要民生工程，管理好、运行好、维护好小浪底水利枢纽，发挥好枢纽的综合效益是小浪底建管局最大的政治和实现科学发展的前提。因而，在学习实践活动过程中，小浪底建管局确定并牢牢把握了“管好民生工程，谋求多元发展”这一活动载体。与此同时，把学习实践活动与小浪底建管局企业文化建设、“三个一”主题教育活动有机结合起来，以“建设企业文化，增强企业科学和谐发展软实力”为主题，开展了企业文化论坛活动；围绕“三个一”和发挥党员模范带头作用，召开党员组织生活会，开展党员民主测评，丰富了载体和内容。三是创新方式方法。针对各阶段环节多、时间紧、任务重的情况，“相邻环节交叉进行”，既保证了整体进度，又确保了各环节质量。面对具体活动组织量大的实际，集中与分散相结合，传统与现代信息化手段相配合，网上通知公告邮件、手机短信、电话齐头并举，方式灵活多样。根据工作地点分布在郑州、洛阳、枢纽管理区以及外营项目点和生产任务重的实际，开辟了局域网“学习实践活动”专栏，建立了专门的电子邮箱和信息周报，设立了活动信息共享平台，并充分利用局域网按期编发活动简报，及时宣传报道活动进展情况、加强经验交流、努力营造良好氛围。

（三）把领导带头贯穿始终，着力示范带动

学习实践活动成效如何，关键在各级领导班子和党员领导干部。小浪底建管局各级党组织和党员领导干部充分认识到活动中所肩负的重要责任，着力示范带动，不断把学习实践活动引向深入。第一，在思想上，不仅把开展学习实践活动作为一项重大政治任务来认真落实，而且把开展好学习实践活动作为小浪底建管局站在新的起点上，努力开创科学和谐发展新局面的重大机遇来牢牢把握。第二，在责任体系上，一把手负总责，分管领导亲自抓，一级抓一级、层层抓落实。局领导班子成员打破工作分工建立联系点制度，强化督促指导；部门（单位）行政一把手领导负责，支部书记组织协调，强化分工负责。第三，在活动组织上，主要负责同志亲自组织制定活动方案，亲自动员部署，亲自协调活动中的有关事宜，亲自研究解决活动中的问题，确保活动有序进行。第四，在具体执行过程中，党员领导干部努力做到“五个带头”，即带头深入学习，带头调查研究，带头解放思想，带头分析检查，带头整改落实，起到了很好的示范带动作用，推动了学习实践活动不断深入开展。

（四）把边查边改贯穿始终，着力解决突出问题

开展学习实践活动，重点在于解决问题。小浪底建管局紧紧抓住这一核心，把边查边改，着力解决突出问题贯穿于活动的全过程。在制定小浪底建管局学习实践活动实施方案之初，局党委就认真研究、梳理和明确通过学习实践活动重点解决的问题，并在实施方案中加以突出强调。学习培训、深入调研、解放思想讨论、专题生活会等各个环节，都紧紧围绕解决问题去布局和展开，围绕问题组织座谈，围绕问题分析原因，围绕解决问题梳理思路，围绕寻求突破研讨举措并组织整改。例如，深入调研尚未结束，就针对调研中发现的项目管理、公司管理中的具体问题，立即召开专题会议研究解决，并及时研究和调整相关机构与职责，成立了项目管理办公室。例如，为进一步强化安全管理，切实排除安全管理中的薄弱环节，强化安全监管，小浪底建管局研究成立了安全监督处，全部工作人员于2008年底迅速抽调到位。为进一步强化长远发展工作力度，加快了“三五”发展规划研究制定步伐，并将“三五”发展规划大纲提交2009年度职工代表大会审议。为完善干部人事管理机制，2008年底前，小浪底建管局一揽子研究、制定和出台了12项劳动人事管理制度与办法，进一步健全和理顺了全局人事管理体系。再如，针对枢纽管理区总体规划，小浪底建管局聘请了专门机构，研究制定了《小浪底水利枢纽管理区总体规划》，科学描绘和确定了整个枢纽管理区发展的框架蓝图，得到了广大职工的充分认可。边查边改，着力解决突出问题令小浪底建管局的学习实践活动成效显著。

（五）把精心组织和谋划贯穿始终，着力确保活动效果

一是安排部署上突出“早”，每一阶段、每一环节及每项活动的开展，提前谋划，提前制定方案，力求做到早部署、早安排、早准备。二是方案要求上突出“细”，细化程序、内容、格式和目标要求。对所有工作的前期准备、组织方式、主要内容、参加人员、工作程序等，均细化要求和目标；关键性紧张环节，活动时间安排细化到半天；重要材料和报告，统一提供样本，明确内容及格式要求。三是实施过程中突出“实”，实实在在扎实推进。在每一个环节启动前，局党委都召开党支部书记会议进行专题部署，抓住活动组织的“龙头”。实施过程中的关键程序，局党委亲自把关。与此同时，按照局领导小组的要求，局学习实践活动办公室将各项工作安排表格化，随时督促和检查落实。正因为做到了早中求细、细中求实、实中出成效，学习实践活动取得了良好效果。

（六）把统筹兼顾贯穿始终，着力实现两促进、双丰收

首先，统筹兼顾。学习实践活动跨越岁末年初，各项业务工作十分繁重，如枢纽安全稳定运行，防凌调度和运用，年度工作总结和来年工作安排，等等。尤其是，期间小浪底工程进行竣工技术预验收。在这种形势下，局党委要求全局各级组织和人员思想、认识、领导、组织“四到位”，将学习实践活动部署和重大行政业务工作联动安排，处理好活动与业务工作的关系。通过长计划、短安排，对活动和生产进行统筹谋划；通过上下结合、左右沟通，对活动和生产进行统筹协调；通过集中分散、异地视频，对活动和生产进行统筹兼顾。例如，为保证小浪底工程竣工技术预验收的顺利进行，全局统筹协调，优化时间安排，合理加快专题民主生活会、组织生活会召开进程，实现了两不误。其次，统筹两促进。为很好地避免学习实践活动和业务工作两张皮的现象，局党委将局办公室、计划处、政研处等主要行政业务管理部门纳入活动领导小组机构，共同参与活动的策划、组织和协调。而且，按照业务职能分工，分别牵头组织长远发展、精细化管理、制度建设等全局性的课题调研，较好地实现了活动、工作两促进的目的。再次，统筹两丰收。一是通过学习实践活动取得的看得见摸得着的实际效果，不断提高全局广大党员干部职工投身学习实践活动的积极性和主动性，促进学习实践活动更加有效开展。二是及时做好学习实践活动成果的转化，将学习实践活动的一系列成果及时转化为促进业务工作的实际效果，努力实现双丰收。

三、小浪底建管局开展学习实践活动取得的成效

客观总结和评估，通过小浪底建管局短短半年的学习实践活动，较好地达到了提高思想认识、解决突出问题、创新体制机制、促进科学发展的预期目的，具体体现在以下几方面。

（一）提高了认识，进一步夯实了科学发展的根基

经过集中培训、分头自学、专家辅导讲座、座谈研讨、典型发言等多种形式系统而深入的学习和培训，全局广大党员干部对科学发展观的重大意义、科学内涵、精神实质和根本要求有了更加深入、全面的领会，对全局面临的发展机遇、挑战、问题、形式有了更加清醒的把握，大家眼界更加开阔，思想更加解放，认识更加统一，行动更加自觉。尤其重要的是，通过学习实践活动，全局各级领导班子和党员领导干部的理论水平、综合素养、实际能力，尤其是领导、谋划和推动科学发展的意识与能力明显提高，进一步夯实了全局科学发展的根基。

（二）找准了问题，进一步排除了科学发展的障碍

通过广泛深入的调研，系统总结和理性审视，反复讨论和分析，切实找准了小浪底建管局自身在长远发展、精细化管理、制度建设和党的工作中存在的主要问题，深刻分析了主客观两个方面的原因，合理制定了系统的整改思路和具体措施，有针对性地进行了认真整改，为小浪底建管局今后更好的发展进一步排除了障碍。

（三）明确了方向，进一步确立了科学发展的目标

在科学发展观的指引下，当前，小浪底建管局“管好民生工程，谋求多元发展”的发展方向更加深入人心。按照这一发展方向，进一步确立了“在民生工程管理上，成为安全管理的典范，承担社会责任的典范，综合效益发挥的典范，大型水利枢纽管理的典范，并最终成为管好民生工程的典范；在多元发展上，加强水利项目建设管理和发电运行两大核心业务，强力推进咨询监理、工程施工、机电安装维护、旅游开发、房地产开发业务，积极探索新能源开发业务”的目标，为全局科学发展指明了方向。

（四）取得了新突破，进一步奠定了科学发展的基础

一是在制度建设上，按照构建系统完备、科学高效、合理有效的制度框架的目标，以更大的决心和力度，系统修订和出台了34项管理制度和办法，进一步健全和完善了小浪底建管局科学管理的制度体系。二是在内部管理机制上，大幅度调整设置了内部管理机构，进一步理顺和明确了相关工作职责和程序。三是积极主动协调，在上级有关部门的大力支持下，顺利完成了小浪底工程竣工技术预验收，为进一步实现全局工作重心的转移提供了前提条件。四是小浪底水利枢纽继续保持安全稳定运行，与西霞院反调节水库联合调度成效显著，圆满完成了防洪、防凌、减淤、供水和发电任务，全年发电量59.07亿千瓦时，排沙比、电量峰谷比、水能利用率等参数进一步优化，创历史最高水平，社会、生态和经济效益显著。与此同时，西霞院工程高水平实现"达标投产电站"建设目标，成为我国水利行业首个"达标投产"工程。五是按照多元化发展的目标要求，在局属各公司核心业务和综合实力进一步壮大的同时，在水利部党组的关心下，积极参与大藤峡水电项目开发，在滚动开发、多元发展上取得了新突破。这些显著成效为小浪底建管局更好地实现科学发展进一步奠定了坚实的基础。

四、体会

通过集中开展深入学习实践科学发展观活动，有如下体会。

（一）科学发展观是我们必须始终坚持的指导方针

科学发展观是马克思主义中国化的最新成果，是把中国特色社会主义伟大事业推向前进的强大思想武器，是推动科学发展、促进社会和谐的根本方针。必须始终坚持以

科学发展观为指导，充分认识和深刻理解科学发展观的科学内涵、精神实质和根本要求，不断增强贯彻落实科学发展观的自觉性和坚定性，坚定不移地把科学发展观贯彻落实到小浪底建管局事业发展的各个方面，实现全局又好又快发展。

（二）贯彻落实科学发展观是一项长期而艰巨的政治任务

科学发展观内涵丰富，内容博大精深，贯彻落实科学发展观是一项复杂的巨系统工程，一项长期而艰巨的政治任务，不可能一蹴而就。对此，必须有清醒的认识，不断增强责任感和紧迫感，从政治和全局的高度，不断增强贯彻落实科学发展观的自觉性和坚定性。

（三）贯彻落实科学发展观必须以解放思想为前提

解放思想是研究新情况、解决新问题、开拓新局面的重要前提，是党的思想路线的本质要求。贯彻落实科学发展观，必须首先解放思想，把自己从不符合科学发展的观念、做法、体制机制束缚中解放出来，牢固树立符合科学发展观的思想观念，理清发展思路、创新发展方式、激发发展活力，从而推动科学发展。

（四）贯彻落实科学发展观必须坚持全面协调可持续的基本要求

全面协调可持续是科学发展观的基本要求。贯彻落实科学发展观，必须始终坚持这一基本要求，统筹处理好企业效益与社会效益、当前发展与长远发展、人与自然和谐相处、企业与人和谐发展、资源开发利用和生态环境保护等的关系，以民生工程为根本，以安全为根基，以改革创新为动力，切实解决好小浪底建管局长远发展、制度建设、精细化管理和党的工作中存在的问题，为促进民生水利事业发展，构建社会主义和谐社会作出新的更大的贡献。

（五）贯彻落实科学发展观必须以高素质的干部队伍为支撑

方针政策确定后，干部就是决定因素。各级领导班子和党员领导干部是贯彻落实科学发展观的组织者、推动者、实践者，是关键所在。只有始终着力和不断提高各级领导班子和党员领导干部的综合素质与能力，尤其是领导、谋划和推动科学发展的实际本领，才能更好地将科学发展观落到实处，实现小浪底建管局科学可持续发展。

五、巩固和扩大学习实践活动成果的主要举措

集中开展学习实践活动即将结束，但是，深入学习实践科学发展观必然是一个永恒的主题。为进一步巩固和扩大学习实践活动成果，把学习实践科学发展观引向深入，要在全面总结学习实践活动成功做法经验和继续抓好整改落实的基础上，努力构建三个长效机制，不断开创小浪底建管局科学发展的新局面。

（一）继续抓好整改落实，进一步巩固学习实践活动成果

按照学习实践活动整改落实方案的具体安排，全局各部门（单位）积极进行了整改和落实。但需要强调的一点是，部分整改措施需要在较长的时间内才能完成。各级有关人员和单位一定要切实加强领导，明确目标，责任到人。党委工作处、监察处要及时跟踪督查有关进展情况，确保学习实践活动每一项整改举措落在实处。

（二）努力构建三个长效机制，不断开创小浪底建管局科学发展的新局面

1. 以党性修养为重点，建立健全党员干部理论武装的长效机制

加强领导干部党性修养，强化理论武装，坚定理想信

念，树立和弘扬优良作风，是党的能力建设和先进性建设的重要内容，是贯彻落实科学发展观的重要保证。当前，小浪底建管局党员领导干部队伍总体是好的，能够发挥应有的模范带头作用。但是，也要清醒地看到，与所肩负的重要职责相比，与党的先进性建设要求相比，个别同志的党性修养与作风状况还有一定的差距。要把加强领导干部党性修养，不断强化理论武装作为一项重大政治任务抓紧抓好。要按照胡锦涛总书记提出的“四个相统一”的总体要求，紧密结合小浪底建管局党员干部队伍实际，全面总结多年来小浪底建管局党建工作和学习实践活动的成功经验，坚持不懈地用中国特色社会主义理论体系武装广大干部职工的头脑，并建立健全教育、学习、管理、考核的长效机制。不断推进党的建设，充分发挥党组织的战斗堡垒作用和党员干部的先锋模范作用。

2. 以安全为根基，以综合效益发挥为要求，以精细化管理为保障，构建管好民生工程的长效机制

要积极践行可持续发展治水思路，牢固树立民生工程理念，严密夯实安全管理根基，要始终将安全生产作为工作的重中之重，加强安全管理和各项安全措施的落实，确保枢纽安全运行“可控、在控”。要始终坚持“安全第一、预防为主、综合治理”的方针，扎实开展安全生产宣传教育、安全生产执法、安全生产治理“三项行动”，切实加强安全生产法制体制机制、安全生产能力、安全生产监管队伍“三项建设”，为开创小浪底建管局科学和谐发展新局面提供安全保障；要以推进精细化管理为手段，切实抓好计划管理、项目管理、投资管理、财务管理、考核管理、信息系统管理，制定并落实精细化管理实施意见，完善精细化管理体系，向内部管理要效益；要进一步持续优化科学调度，不断总结提升

大型水利枢纽运行管理理念和层次，深化联合优化调度研究，加强水调、电调的沟通协商，不断优化调度方式和枢纽运行管理模式，管理好、运行好、维护好民生工程，确保枢纽安全稳定运行和最大限度地发挥枢纽综合效益。

3. 拓展思路，制定规划、完善举措，构建多元化发展的长效机制

要深入调研、科学制定小浪底建管局第三个五年发展总体规划和各部门（单位）以及相关专业工作的长远规划。要积极开展小浪底水利枢纽供水效益探索性研究。抓住当前国家加大水利基础设施建设的有利时机，争取在大型骨干水利工程建设管理项目上实现新突破。要围绕小浪底建管局长远发展方向和目标，大力实施人才强局和科技兴局战略，制定人才、科技工作五年总体规划，继续完善科技创新体系和机制，加强产学研结合，形成科技创新整体合力，提高企业科技含量，为企业长远发展提供强大的人才支撑和科技保障。局属公司要围绕局核心业务，坚持“走出去”战略，在巩固各自优势业务的基础上，有针对性地选择好目标市场，保持外营业务收入持续稳定增长，提高赢利能力，不断提升“小浪底”品牌含金量。要积极探索和培育新的经济增长点，走以水利水电建设运行管理为主、相关多元发展之路；要进一步推动体制机制改革，进一步理顺内部管理关系，建立健全适应市场经济发展要求的体制机制。以实现最佳效益为目标，以加强精细化管理为保障，以改革创新为动力，保持和加强以水利项目建设管理和发电运行两大核心业务，强力推进咨询监理、工程施工、机电安装维护、旅游开发、房地产开发业务，积极探索新能源开发业务，不断增强企业发展的核心竞争力、可持续发展能力和综合实力。

小浪底建管局深入学习实践科学发展观活动虽然结束

了，但巩固和扩大学习实践活动成果的任务仍十分艰巨。今后，小浪底建管局将以此为契机，继续加强学习，提高认识，扩大共识，把学习实践活动融入日常工作并延续下去，进一步巩固和扩大学习实践活动成果，深入贯彻落实科学发展观，坚定发展的信心不动摇，把握发展的目标不偏移，狠抓长效机制建设不放松，不断以思想的大解放促进事业的大发展，以观念的大更新推动工作的大跨越，努力开创小浪底建管局又好又快发展的新局面。

以“五个一”工程建设为主线 全力做好共青团的各项工作

□陈　岭　张红建

2009年小浪底建管局团委工作的总体目标是：在共青团河南省委和小浪底建管局党委的领导下，深入贯彻落实科学发展观，以服务企业发展和青年成才为目的，以建设一片青年林、撰写一本书、举行一场演讲比赛、构建一个博客群、组织一系列文体活动的“五个一”工程建设为主线，大力提升团员青年的综合素质，积极带领团员青年立足本职、努力奋斗，全力做好2009年团的工作，为“管好民生工程，谋求多元发展”的战略任务贡献力量，为促进企业科学和谐发展努力奋斗。

按照这一总体目标，小浪底建管局团委进一步解放思想，开拓进取，真抓实干，勇于创新，不断深化团的各项工作，狠抓具体落实，使团的各项工作取得了新的进展，有力地保障了小浪底水利枢纽及西霞院工程的安全稳定运行，为小浪底建管局的健康和谐发展贡献了力量。现将一年来的工作总结如下。

本文为2010年1月共青团河南省委会议交流材料。

一、坚持理论武装，加强团员青年的培养和教育

加强团员青年的培养和教育，用先进的理论武装头脑，切实提高团员青年的思想政治素质是共青团工作的一项基础性工程，也是各级团组织需要长期坚持的一项首要任务。2009年，小浪底建管局团委在继续加强“三个代表”重要思想、科学发展观等理论学习的同时，组织好全国“两会”精神和十七届三中、四中全会以及党中央、河南省委、共青团河南省委、小浪底建管局党委等一系列重大决策和部署的学习与贯彻；继续坚持“三级制”的学习格局，即局团委组织团干部学习、各团支部组织本支部团员青年学习、团员青年自身学习；鼓励并组织团员青年积极参加小浪底建管局和所在部门（单位）组织的专题辅导、座谈讨论、观看录像等多种方式的政治学习；创新学习方法、方式，利用互联网、报纸、局新闻电梯宣传栏等重要媒介，学习中央和小浪底建管局的重要精神与部署，了解国内外大事，拓宽视野、提升素质。除此之外，小浪底建管局团委全年组织专题学习讨论会11次，参加讨论团员青年涉及全局团员青年总数的93%。

二、服务党政工作大局，为“管好民生工程，谋求多元发展”建功立业，为青年成才搭建平台

围绕全局中心工作任务，服务党政工作大局，促进团员青年发展成才是共青团组织的一项重要使命。2009年以来，小浪底建管局各级团组织发挥组织优势，转变工作方法、创新思维模式，以灵活机动的方式，选好活动载体，为“管好民生工程，谋求多元发展”和服务青年成才搭建有效平台，团结并带领青年为小浪底建管局科学和谐发展建功立业。

（一）做好推优工作，营造良好氛围

根据共青团河南省委有关要求和部署，按照公开公正、民主集中的要求，认真组织好“优秀团员”、“模范团干部”、“新长征突击手”、“五四奖章标兵”、“河南省青年企业家协会理事、会员”等评选及表彰工作，并在《小浪底》报、数字化办公系统等媒介进行广泛宣传。通过组织和宣传，在全局广大团员青年中进一步强化团的意识，进一步营造岗位立志、岗位奉献、岗位成才和争当先进、勇攀高峰的良好氛围。

（二）强化安全意识，提高安全工作水平

结合2009年“安全生产年”的总体要求，小浪底建管局团委积极发挥青年在安全生产工作中的主力军作用，通过教育和引导，进一步提高青年安全生产意识和安全工作水平：结合青年的岗位特点，有针对性地组织青年学好《中华人民共和国安全生产法》和岗位安全管理要求；组织青年积极参加有关单位组织的安全知识竞赛和《小浪底》报安全生产征文活动；水力发电厂等团员青年多、安全责任大的团支部还系统地开展了以“团员身边无违章、青年身边无事故”为主题的安全技术论坛、讲座、演讲等系列活动。

（三）树立文明典型，展示文明形象

青年是全局职工中最活跃、最有生机的力量，青年的形象在一定程度上反映和影响着单位的形象。2009年，小浪底建管局再次荣获“全国文明单位”殊荣，荣誉来之不易，全局各级团组织团结并带领青年加强精神文明建设，从自我做起、从点滴小事做起，树立文明新风。局团委积极响应局党委开展“一个党员干部一面旗帜、一个党员一个榜样、一个职工一个形象”主题教育活动和“文明办公”创建的号召，组织广大团员青年按照要求积极参与到活动中去。11月17

日，局团委还以“三个一”为主题组织广大团员青年开展了主题演讲比赛。

（四）加强局情水情教育，服务青年成才

2009年是新中国成立60周年，小浪底水利枢纽在这一年先后荣获“国际堆石坝里程碑奖”、“新中国百项经典工程”、“大禹奖”等重大奖项；2011年，小浪底建管局即将迎来建局20周年。为加强广大团员青年的局情水情教育，全局各级团组织先后30余次组织团员青年有针对性地观看反映我国水资源状况的《水问》专题片、小浪底建管局申报“全国文明单位”专题片、小浪底水利枢纽申报“大禹奖”专题片等。局团委还组织团员青年到黄河博物馆、黄河模型馆、南水北调中线穿黄工程现场等地参观。

（五）建设青年林，打造绿色小浪底

为在小浪底建管局广大团员青年中倡导和树立生态文明意识与可持续发展治水思路，为保护“母亲河”、打造绿色小浪底贡献青年的一份力量，局团委拟利用5年时间在枢纽管理区东山生态保护区建设50亩左右的“青年林”，并将其作为团员青年保护“母亲河”行动的活动教育新阵地，使其成为强化团员青年责任意识教育的新平台，成为局团委工作的新品牌。2009年年初，局团委组织广大团员青年完成了1期“青年林”的种植工作。截至目前，“青年林”建设已具规模，各团支部定期对所负责的责任林进行维护管理。

（六）组织写作活动，提高写作水平

针对小浪底建管局广大团员青年多为技术干部，需要增强写作能力的特点，局团委今年以“我眼中的小浪底”为主题，组织团员青年撰写文章，畅谈对小浪底水利枢纽的认识、感想和体会，进一步弘扬新风正气。目前，该项工作已开始进行稿件初审工作，争取于2010年正式出版。与此同时，局团委还充分利用互联网现代化平台，在团员青年中开展建设青年博客群活动，要求每名青年都建立自己的博客，并连接到局网络。截至目前，已建立青年博客百余个。

（七）开展帮扶活动，展示青年爱心

结合小浪底建管局驻砚瓦河工作队的总体工作，继续做好一年一度的贫困学生帮扶活动，利用团组织的“爱心奖励基金”，为砚瓦河小学学习优异的学生和贫困家庭的学生购买图书、文具等学习与活动用品，在展示小浪底建管局团员青年爱心的同时，进一步提高了团员青年的社会责任意识。

（八）组织文体活动，丰富青年生活

2009年，小浪底建管局团委积极与局工会联合，发挥各兴趣小组中团员青年的作用，积极组织好元宵游艺晚会、国庆歌咏比赛、年度文艺汇演、局职工运动会等一系列文体活动。局团委还重点组织了“我锻炼我健康”晚饭后散步活动，进一步丰富青年文化生活，提高青年身体素质。

三、加强团组织自身建设，提高团组织的战斗力

强化团组织自身建设，是团的各项工作顺利开展的根本保证。2009年，小浪底建管局各级团组织充分认识到加强自身建设的重要性，并着力做好该项工作。

（1）加强团干部教育。局团委利用团委日常工作会、专题培训会等会议，以会代训，对团干部进行培训教育；按照共青团河南省委的要求，安排团干部积极参加团省委组织的学习培训；根据情况，有关团支部有针对性地组织团干部开展拓展训练。通过以上综合措施，切实提高了团干部的工作能力和水平。

（2）加强团的组织建设。根据小浪底建管局机构调整、人员竞聘等团员青年的变化，及时做好团干部的选配工作，

把能力强、作风正、领导满意、青年拥护的团员青年吸收到团组织中来，有力地保证了团组织干部精干、组织健全、工作有力。各有关团支部也根据人员变化，及时地做好支部自身组织建设。

（3）加强团的制度建设。建立健全团组织的有关规章制度，规范团组织工作程序。小浪底建管局团委2009年的一项重点工作就是进一步明确团干部的工作职责、工作内容，完善团委委员议事制度、团委会议制度、团干部学习制度、大事记制度等。目前，各项制度已经建立，并形成了相关机制。

突出岗位知识和能力体系建设
全力打造高素质人才队伍

□李松慈

小浪底建管局紧紧围绕中央和水利部党组的部署与要求，坚持“人才强局、科技兴局”，不断深化改革，强化人才队伍建设。2006年以来，小浪底建管局在人才培养方面重点开展了岗位知识和能力体系建设，取得了一定的经验和成效。

一、岗位知识和能力体系建设的基本做法

一是建立健全组织领导机构。成立了由局长任组长，人事劳动处、监察处、工会等部门（单位）主要负责人为成员的岗位知识和能力体系建设工作领导小组，制定了《小浪底建管局岗位知识和能力体系建设管理办法》，明确各部门（单位）主要负责人为本部门（单位）岗位知识和能力体系考核达标的第一责任人，人事劳动处负责对岗位知识和能力体系建设工作进行日常管理，并负责组织考核工作。

二是合理设置岗位专业系列。小浪底建管局通过深入细致的调查研究，根据企业发展的长远需要和专业技术人员目

本文为2010年4月水利部人事工作会议交流材料。

前从事的工作岗位及所学专业，将全局工作岗位划分为工程施工、工程咨询、工程管理、枢纽运行与管理、技术管理、行政管理、移民管理、后勤服务、经营管理、党务与政工、财务会计、劳动人事等12个系列，每个系列内又设置不同专业，共设置60个专业，确保岗位专业系列的设置既具有广泛性又具有针对性。

三是科学建立培训目标体系。小浪底建管局倡导和积极推动岗位成才，鼓励职工重视岗位实践、加强自我学习和自我培养，按照这一要求，建立了包括意识态度类、知识类、能力类三个单元的培训目标体系。意识态度类培训目标包括大局意识、安全意识、危机意识、团队意识、创新意识、诚信意识、学习态度、工作态度和生活态度等内容，知识类培训目标包括专业知识、政策法规知识等内容，能力类培训目标包括工作能力、沟通协调能力等内容。各系列牵头单位分别成立专家小组，根据企业发展、岗位工作和个人成长要求，分别确定个人、部门（单位）、全局三个层次的总体培训目标和年度培训目标。

四是深入开展岗位教育培训。领导小组和各系列牵头单位负责组织并指导开展各种学习培训活动。在学习培训形式方面，充分利用聘请专家授课、网络教学等手段，采取部门（单位）组织集中学习和职工个人自学相结合、以自学为主的方式；在学习培训时间方面，除职工个人自学外，要求各部门（单位）每周组织集中学习的时间不得少于半天，局人事劳动处进行不定期检查；在培训内容方面，将教材分为必读教材和选读教材，学习培训和达标考核围绕必读教材进行，局按每人每年100元的标准对各部门（单位）给予学习培训教材补助。通过以上措施提高了大家的积极性，广大职工不仅能够按要求参加学习活动，而且能够及时进行学习总结，2008年，小浪底建管局干部职工撰写论文500多篇，其中95篇优秀论文被纳入《岗位知识能力体系探索与实践》一书公开发表。在第一个管理周期，小浪底建管局累计培训各类专业技术人才1267人次，人均培训时间达360学时。

五是定期组织岗位目标考核。岗位知识和能力建设三年为一个管理周期，一年为一个培训学习期，每年年底组织一次考核。意识态度类的目标考核由各部门（单位）负责，按照《小浪底建管局岗位知识和能力建设体系意识态度类要素评价表》的内容要求，对被考核人员进行评价；知识类的目标考核由局人事劳动处负责，按照不同系列不同专业统一组织进行闭卷考试；能力类的目标考核与年度绩效考核相结合，把绩效考核成绩作为能力类目标考核的成绩。

二、岗位知识和能力体系建设的主要经验

一是领导重视，带头参与。小浪底建管局领导班子十分重视岗位知识和能力体系建设工作，在每年的工作报告中都将岗位知识和能力体系建设作为一项重要工作进行安排，并从人力、财力、物力等各个方面给予大力支持。同时，局领导还积极参与岗位知识和能力体系建设工作，亲自参加培训目标的研究确定，亲自指导各部门（单位）制定切实可行的培训方案，选择实际有用的培训教材，带头学习，带头总结。领导班子的重视保证了岗位知识和能力体系建设工作的顺利进行。

二是注重考核，奖惩分明。岗位知识和能力体系建设每年考核一次，考核结果实行“双挂钩”制。其一是考核结果与干部职工的奖金挂钩，各部门（单位）职工岗位目标考核达标率在80%以上的，每增加一个百分点，部门（单位）主要负责人的年终奖上浮2%；达标率在80%以下的，每减少一

个百分点，部门（单位）主要负责人的年终奖下调2%；达标职工当年的年终奖上调20%，未达标职工当年的年终奖下调20%。其二是考核结果与干部的提拔使用挂钩。管理期内按要求达标的职工，提拔使用干部时优先考虑；管理期内未达标的职工，提拔使用干部时不予考虑。考核结果的有效使用，是岗位知识和能力体系建设工作取得成效的关键。

三是尊重知识，人才辈出。岗位知识和能力体系建设为小浪底建管局人才成长提供了一种新的培养模式。将岗位学习、岗位实践与绩效考核、岗位聘任有机结合起来，充分激发了干部职工的潜力，广大职工自觉参加培训学习，刻苦钻研专业技术，在全局形成了尊重知识、尊重人才的良好氛围，科技人才不断涌现，2006~2008年，小浪底建管局分两次选拔出技术拔尖人才和享受技术津贴人才99人次，人才队伍更加稳定，职工士气更加高涨，发展环境更加和谐，发展动力更加强劲。

经过三年来的摸索和实践，小浪底建管局在岗位知识和能力体系建设方面做了一些工作，并取得了初步成效。但从整体上来看，还存在“自主开发学习培训教材的力度不够大、学习培训的形式不够灵活、学习效果不好量化考核检验”等不足，这些问题有待于在今后的工作中进一步加以解决。

积极开展建家活动
促进企业科学和谐发展

□崔学文　马贵安

黄河小浪底水利枢纽是国家开发和治理黄河的战略性工程，作为该工程的建设和管理单位——小浪底建管局始终以对党、对国家、对社会高度负责的精神，认真履行企业的社会责任，始终坚持公益效益、社会效益优先的发展理念。作为一家既承担着管好民生工程，又肩负着谋求自身多元发展重任的大型国有企业，多年来小浪底建管局各级工会组织积极开展各种形式的建家活动，形成了局党委领导、行政强有力支持、工会积极组织、职工热情参与的建家工作格局。在建家活动中，不断完善劳动用工和民主管理制度，切实维护职工的合法权益，促进了职工队伍的和谐稳定和企业的快速发展。随着企业的发展，职工的收入逐年提高，职工分享了企业发展带来的成果，实现了企业与职工的“双赢”。企业先后获得“全国五一劳动奖状”、“河南省模范职工之家”、“全国文明单位”、“全国思想政治工作优秀企业”等荣誉称号。

本文为2010年9月全国水利系统第23届工会主席联席会暨建家工作经验交流会交流材料。

一、把发挥工会作用作为构建和谐企业的保证

表达和维护职工的权益是工会一切工作的出发点和落脚点。只有尊重和保障职工的合法权益，促进和谐劳动关系，企业发展才有动力，社会才能和谐。为了实现这一目标，小浪底建管局各级工会组织主动作为，动员广大职工积极参与企业改革与发展，完善制度建设和对国家相关法律法规的响应机制。在理念上建立职工与企业“唇亡齿寒”的利益认知意识，在思想上形成双方共建、共享、共担的责任意识，在行动上形成职工“企业是我家、发展靠大家”的奉献意识。小浪底建管局建立了完备的职工代表大会制度，坚持把职代会作为企业实行民主管理、职工有序参与决策的主渠道，对事关企业的重大事件都提交职代会讨论。比如企业的总体发展规划、人力资源发展规划、薪酬制度、绩效考核办法等，均要职代会通过后方可印发施行。在职工代表大会闭会期间，及时通过召开工会联席会议行使职工代表大会的权利，保证决策的民主性和时效性。广大职工在企业民主决策中表现出高度的主人翁意识和团队精神，充分行使了民主权利，也奠定了企业坚实的群众基础。

坚持局务公开，接受职工监督。企业所有重大事务都实行公开，特别是通过办公自动化系统，将企业的重大和近期事务、管理制度等信息都及时地予以公布，让职工有知情权，让职工明确企业的目标任务、了解企业的重大决策、明白企业的分配形式、关注重大事情的处理过程和处理结果。除局务公开外，小浪底建管局还每年两次定期召开局领导与职工群众信息沟通交流会，建立了每月一次的局长接待日制度。此外，还建立了职工建言信箱等。职工与局领导建立了多种沟通渠道，做到了上情下达和下情上达。

二、把保障职工利益作为构建和谐企业的目标

一是积极推行劳动合同制度，维护职工的劳动权。小浪底建管局严格按照劳动合同法的规定，依法与所有在小浪底建管局工作的劳动者签订了劳动合同，劳动合同签订率和履约率均为100%。小浪底建管局根据河南省人力资源和社会保障厅印发的劳动合同范本，结合小浪底建管局和劳动者的实际情况，经工会广泛征求职工意见和建议，几经讨论修改定稿。针对各岗位、各层次和各类人员情况，合同内容力求翔实、完备，对工作内容、劳动保护、劳动纪律、劳动报酬与奖励以及合同变更、解除等各项必备条款作了明确规定。通过全员签订劳动合同，充分保障了劳动者的合法权益，促进了企业用工行为不断规范和完善。

通过对职工实行岗位管理和绩效工资管理，按岗取酬，按贡献取酬，制定了具体的薪酬管理办法和正常晋升工资的机制。根据工作实际，对于不同的工作岗位都制定了不同的考核办法和工资报酬标准，薪酬待遇与其对企业的贡献相联系。根据劳动合同，按时足额发放工资，从没有发生拖欠职工工资的情况。对容易发生拖欠农民工工资的建筑领域，局属公司在发包工程、分包工程时，对农民工工资在合同里实行代扣代发制，保证了农民工工资足额发放。

二是依法办理各种保险，保证职工享有社会福利权。小浪底建管局依法为所有职工办理了基本养老保险、工伤保险、生育保险、基本医疗保险、大额医疗保险，按时足额缴纳各项社会保险费用。小浪底建管局每月都要仔细核对各项社会保险的个人缴费和单位缴费数额，做到精确无误后按时缴纳各项社会保险费用。对于小浪底建管局流动性较大的工作岗位人员（比如酒店的服务员等），由于来自农村的员工

人数较多，这部分人员对参加社会保险的认识不够，很多人不愿意参保。针对这种情况，我们一方面积极向他们宣传社会保险政策，另一方面向他们保证在他们工作流动后，及时将他们的基本养老保险关系转移到新单位或按政策规定提取出个人账户的全部金额。通过深入细致的思想工作和扎实的基础工作，打消了这些员工的疑虑，保障了他们的切身利益，也贯彻执行了河南省的社会保险政策。小浪底建管局连续四年被评为“河南省省直统筹养老保险工作先进单位”。

三是完善企业生产条件，保障职工劳动安全卫生权。健全安全规章制度，建立安全生产责任制，落实安全保护措施，正确使用安全生产设施，组织职工参加岗前安全卫生及生产技术、技能培训。每年局与各单位签订安全生产责任书；实施劳动保护监督检查制度，每月进行一次安全联合检查；注重改善劳动安全卫生状况，落实职工劳动安全卫生权利，保证职工休息和休假的权利，切实保障职工身体健康和生命安全。

四是关注女工健康与成长，维护女职工的特殊权益。小浪底建管局每年定期安排女职工进行健康检查，落实女职工生育保险，邀请知名专家就女职工感兴趣的专题进行培训。在女职工生理期、孕期和哺乳期，给以最大程度的关怀，包括临时转岗，减少工时和带薪休假等措施。在用人机制上本着男女平等的原则，为女职工提供公平的职业发展通道。

五是丰富职工精神文化生活，保障职工的精神文化权益。几年来，小浪底建管局各级工会组织以提高职工健康水平为宗旨，以满足职工精神文化需求为目的，以形式多样的群体活动为途径，组织广大职工开展了丰富多彩、贴近实际、贴近生活、贴近群众的体育和文艺活动，多次派运动队、文艺团体参加河南省和水利部组织的比赛与汇演。小浪底建管局先后获得国家体育总局授予的“全民健身先进单位”，水利部授予的“职工文体活动先进单位”等荣誉称号。每年举办职工春节联欢晚会、元宵焰火游艺晚会、三八国际劳动妇女节活动等。2009年，参加由省委省直工委主办的省直机关庆祝新中国成立60周年爱国歌曲大家唱合唱比赛，获得金奖。同时，投入大量财力，加大职工文体设施的建设，先后在郑州、洛阳建设了职工活动室，在小浪底枢纽管理区建设了篮球场、网球场、游泳馆、多功能厅等一批设施完善、功能先进的文体场馆。

三、把建立健全制度体系作为构建和谐企业的基础

企业制度是企业内部的法律，建立健全企业劳动用工制度是贯彻落实科学发展观，建立企业和谐劳动关系，提升综合素质，改善社会形象，建设和谐企业，实现可持续发展的内在要求。随着小浪底建管局工作重心由建设向管理的转移，不断制定和完善了企业各项规章制度。目前与劳动用工有关的薪酬体系、绩效考核、岗位管理、奖惩、安全卫生、保险福利、职工培训、休息休假等方面的制度体系已基本健全。这些健全的制度使小浪底建管局在和谐劳动用工方面做到了管理上的制度化和规范化，企业劳动用工关系和谐稳定。

在日常管理中认真抓各项规章制度的落实。在涉及劳动的各项工作中，工会和行政劳动部门协调工作，健全科室设置，高效配备办事工作人员，始终做到坚持按制度办事，按程序办事，规范运作，精细管理，加强监督检查，有效地保证了各项劳动用工规章制度的落实。管理上的到位，使制度落实了，劳动用工关系和谐了，企业和谐发展了，实现了国家、企业、职工个人三者利益的有机统一。

四、把提高职工队伍素质作为构建和谐企业的抓手

作为一个知识型、技术密集型企业，近几年，小浪底建管局大力实施“人才强局”、“科技兴局”战略，采取了很多有力措施：召开人才工作会议和科技工作会议规划部署人才培养与科技发展工作，设立人才开发基金用于人力资源开发，公开选拔专业技术拔尖人才、享受技术津贴人员，并予以大力表彰，在水利系统率先开展了岗位知识和能力体系建设，积极进行学习型组织建设。这些措施为人才成长搭建了平台，使职工干事有舞台，奉献有成就，发展有空间。如今小浪底建管局尊重知识、尊重人才、尊重创造的氛围更加浓厚，职工自主学习、岗位成才已蔚然成风，职工综合素质普遍提高，造就了一支年富力强的职工队伍。企业发展和职工发展良性互动，既提高了职工的知识水平和综合素质，维护了职工的发展权，又促进了企业的和谐发展。

几年来，局工会动员和号召广大职工参与到企业改革发展中来，加强班组建设，开展各种创建活动。小浪底建管局工会以优异的工作获得河南省总工会授予的“模范职工之家”荣誉称号，多个班组获得省总工会和农林水工会授予的“模范职工小家”、“青年文明号”、“工人先锋号”、“知识型班组”等荣誉称号。

通过开展建家活动，小浪底建管局职工努力学习、爱岗敬业、民主管理的局面已经形成；企业与社会、企业与职工、职工与职工之间关系融洽、相处和谐的氛围得到强化；坚持安全第一，充分发挥枢纽效益，维持黄河健康生命的理念深入人心；枢纽的社会效益、生态效益、经济效益得到充分发挥。在文明之风的吹拂下，一个现代企业集团正伴随着和谐的音符，在全面建设小康社会、构建社会主义和谐社会的道路上阔步前行。

创先争优葆先进　凝心聚力促发展

□小浪底建管局党委

创先争优活动是党中央为深入贯彻落实党的十七大和十七届三中、四中全会精神，巩固和拓展学习实践科学发展观活动成果的重要举措。组织开展好创先争优活动，具有十分重要的意义。小浪底建管局创先争优活动自2010年5月启动以来，在水利部党组和河南省委的正确领导下，精心组织，广泛发动，周密部署，狠抓落实，成功完成了调查研究、动员部署、认真学习、分析查找、制定整改措施、公开承诺等阶段工作，充分调动了广大党员干部的工作热情和工作积极性，有力地推动了全局各项工作的顺利开展。现将有关情况总结如下。

一、高度重视，周密部署，确保活动有序开展

为确保活动有序开展，着力做到三个方面的重视：

一是思想上重视。局党委充分认识到，深入开展创先争优活动，对于进一步推动学习实践科学发展观活动向深度和广度发展，对于激发各级党组织和广大党员生机活力、提高党的执政能力、保持和发展党的先进性，对于推动党的建设更好地服务党和国家工作大局、加快经济发展方式转变意义重大。局党委进行专题调查研究、专题讨论分析、专题安排

本文为2010年10月水利部创先争优活动推进会交流材料。

部署，把创先争优工作作为全局的一项大事来抓。二是组织上重视。局党委组织成立创先争优活动领导小组，党委书记、局长亲自担任领导小组组长、副组长，领导小组下设办公室，专职开展创先争优活动。全局各党总支、党支部也分别成立了以党组织书记为组长的创先争优领导小组。在全局形成了局党委统一领导，局党委书记亲自抓，各党支部书记具体抓，党委工作部门组织协调，一级抓一级、层层抓落实的工作格局。三是行动上重视。紧密结合全局实际，制定了创先争优活动实施方案；召开全体党员参加的会议，进行全面动员部署；建立领导班子成员联系点制度，落实联系点职责；每月召开一次局务会议，经常听取汇报并安排下一步工作；每季度召开一次政治工作例会，专题听取汇报安排部署；每季度进行一次以创先争优为主要内容的部门（单位）绩效考核，考核结果与收入直接挂钩。

二、结合实际，选好主题，确保活动旗帜鲜明

为确保活动旗帜鲜明，着力做到三个结合：

一是结合小浪底建管局“管好民生工程”的实际。小浪底水利枢纽竣工验收后，管好、运行好这一“民生工程”成为全局最根本的首要任务。创先争优活动必须紧密结合工程管理这一实际，为这一根本任务服务。二是结合全局“谋求多元发展”的实际。在“管好民生工程”的基础上，全局已迈开了多元发展的新步伐，控股、参股修建潘口、小漩、龙背湾等水电站，工程咨询、工程施工、旅游、房地产等方面业务都全面推进，创先争优活动必须紧密结合全局多元发展的实际，为推进这一重要工作服务。三是结合小浪底建管局党员干部的思想工作实际。全局广大党员干部在经受小浪底工程建设管理的洗礼后，工程技术水平和管理能力有了较大

的提高，思想政治素质和艰苦奋斗意识明显增强，但与争做大型水利枢纽管理的典范、打造现代水电企业集团的要求相比，还有一定的差距，创先争优活动必须结合党员干部的这一思想工作实际，为全面提升党员干部综合素质服务。基于以上三点考虑，局党委经过认真研究，确立了“统一思想，凝聚力量，创先进、做表率，为管好民生工程、谋求多元发展努力奋斗”的活动主题。

三、创新载体，突出特色，确保活动取得实效

为使活动取得实效，着力创新三个载体：

一是“一个党员干部一面旗帜、一个党员一个榜样、一个职工一个形象”“三个一”（以下简称“三个一”）主题实践载体。“三个一”活动是小浪底建管局在小浪底工程建设后，根据工作任务和干部职工的思想实际，自行组织开展的主题实践活动，在创先争优活动中将其作为了重要载体，重点突出党员榜样作用的发挥和党员领导干部旗帜作用的发挥。二是“艰苦奋斗”和“品行教育”载体。通过专家辅导、观看录像、外出考察、座谈交流、岗位实践等方式，大力开展“艰苦奋斗”和“品行教育”活动，着力改进作风、增进道德，提升素质。三是“民主生活会”载体。将民主生活会作为创先争优活动的重要载体，对照“五个好”先进党支部标准和“五个表率”优秀共产党员标准，切实开展批评和自我批评，认真查找，整改提高。各党总支、党支部也结合实际，开展了“我读书、我成长、我奉献”，“作风建设我建言”，“创先争优我先行”等活动，创新了载体。

四、宣传造势，强力推进，确保活动深入人心

为使活动深入人心，着力构建三个网络：

一是全方位覆盖网络。随着小浪底建管局多元化步伐的加快，点多面广、党员分散已成为一种现实。在创先争优活动中，局党委提高要求、严密组织，活动覆盖到外营点的每一个角落、每一名党员，做到横向到边、纵向到底，不遗漏一名党员、不遗留一个死角、不降低一点质量。二是数字化宣传网络。在局内部网络上，开辟了“创先争优”专栏，进行了“创先争优进行时”、“创先争优在身边”专题系列宣传，刊发了创先争优领导讲话、文件、简报等。三是典型宣传网络。与艰苦奋斗教育相结合，通过领导专访、实地采访、部门（单位）发掘等方式，重点宣传报道了一批先进单位和个人的典型，构建了典型网络，发挥了先进的示范带动作用。

五、统一思想，振奋精神，有效推进各项工作

几个月的创先争优活动，已在三个方面初现成效：

一是党员干部的思想素质进一步提高。党员干部思想统一，精神振奋，斗志昂扬，干事创业的热情高涨，艰苦奋斗的意识增强，创先进、做表率的氛围浓厚，品行道德观念增强。二是企业管理水平进一步提高。干部职工执行力增强，节约意识改进，工作更加突出了计划性、程序性和规范化。企业制度得到进一步完善，运行机制得到进一步理顺，管理大型水利枢纽的水平进一步提高，多元发展的能力进一步增强，企业改革发展步入了“快车道”。三是业务工作得到进一步推进。顺利完成了安全度汛、调水调沙、二次滞洪运用、两台机组同时大修、西霞院反调节水库验收准备等多项水利枢纽管理工作，同时，参控股水电站建设、工程咨询、工程施工、旅游、房地产等方面工作都推进顺利，有的甚至取得突破性进展，创先争优活动有力地服务了中心工作任务。

小浪底核心价值体系的构建及其转化

□殷保合

小浪底建管局肩负着管好民生工程、发挥枢纽效益、促进现代水利和可持续水利发展的重任。在长期的治水实践中，小浪底人着力实施文化构建工程，塑造企业信仰，铸造企业灵魂，提升企业品质，梳理核心价值体系，逐步形成了以价值观管理为中心的企业文化建设体系，并发挥了核心价值体系的导向功能、激励功能、约束功能、融合功能，从而为打造安全、人本、和谐、科技、创新、文化小浪底起到极大的促进作用。

一、小浪底价值体系和核心价值体系

企业价值体系是企业为追求愿景、实现使命而提炼出来并指导企业上下形成共同行为模式的精神元素的总和。价值体系中居主导地位、起关键和统领作用的是核心价值体系。企业核心价值体系作为企业文化精神层面的内容，随着企业生命周期的运转而产生、发展和创新，从而形成自身独特的结构。

本文原载于2010年12月《中国水利杂志》第23期。

小浪底核心价值体系萌芽于前期工程阶段，后经逐步发展，现已初步成型。

（一）小浪底价值体系的基本元素

小浪底价值体系由核心价值体系、基础价值体系和相关理念体系三个层面组成一个完整的统一体。

1. 核心价值体系层

企业使命：维持黄河健康生命，谋求企业持续发展。

企业精神：励精图治，追求卓越。

经营理念：立足枢纽、相关多元；三层业务、滚动发展。

发展理念：先做强，后做大，保持可持续发展。

2. 基础价值体系层

企业愿景：以小浪底水利枢纽运营为根本，成为一个在水利水电及其相关领域谋求多元化发展的大型现代企业。

企业作风：锐意进取，严谨求实；雷厉风行，迅捷高效。

3. 相关理念体系层

安全理念：安全第一。

控制理念：制度是“体”，文化是“魂”。

用人理念：物尽其性，人尽其用；德才兼备，以德为先。

小浪底价值体系如图1所示。

（二）小浪底核心价值体系分析

小浪底价值体系是一个相互关联的有机整体，核心价值体系是价值体系的内核,基础价值体系是价值体系的载体，相关理念体系是价值体系的支撑。我们将“维持黄河健康生命，谋求企业持续发展”作为企业使命，这是小浪底建管局所有决策和实践的根本出发点与落脚点，是企业的信仰和存在的理由、价值和最终目的，是小浪底人实现抱负的精神源泉，是持续健康快速发展的根本动力。我们将“励精图治，追求卓越”作为企业精神，这是小浪底建管局的灵魂，是小

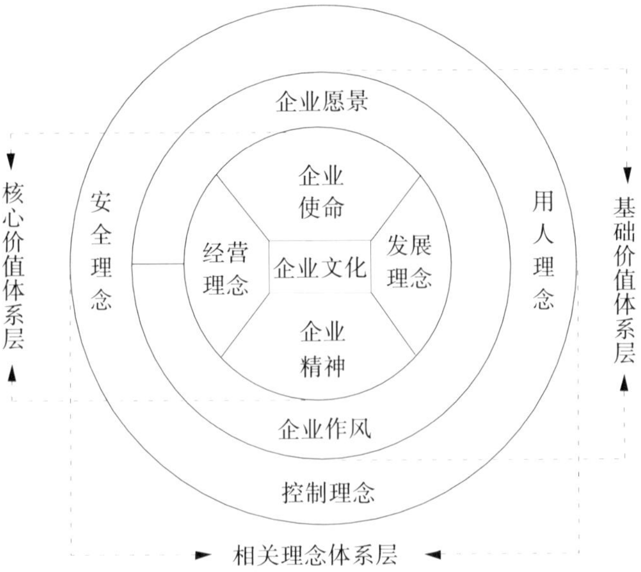

图1　小浪底价值体系

浪底人执着的精神，记录了小浪底人艰苦创业的历程，凸现了小浪底人崇高美好的追求。“立足枢纽、相关多元，三层业务、滚动发展”的经营理念，反映了小浪底建管局以枢纽运营管理与发电核心业务为主导，大力培养成长性业务，积极探索种子业务，用三层业务链思想作为指导，层层推进，滚动发展。“先做强，后做大，保持可持续发展”的发展理念，是小浪底建管局发展的基本思想和指导原则，是深入实践科学发展观的具体体现。

由上述企业使命、企业精神、经营理念、发展理念四个元素共同构成的小浪底建管局核心价值体系，在解决企业发展中如何处理好内外矛盾关系方面提供了一系列准则，树立了企业自身如何生存和发展的旗帜，成为企业组织的灵魂，引领着小浪底人朝着更高的目标不懈攀登。

二、小浪底核心价值体系的构建

小浪底核心价值体系作为精神文化的重要组成部分，是随着企业文化建设的开展而逐步形成的。它的构建在时间上经历了三个时期，在方法上做到了“五个注重”。

（一）时间上的三个时期

（1）小浪底文化萌芽阶段（1991～1994年），以“艰苦奋斗，为国争光”为价值主线，体现出创业主导的价值取向。

（2）小浪底文化发展阶段（1995～2003年），以“报效祖国，为祖国而战”为价值主线，体现出精神主导的价值取向。

（3）小浪底文化成型阶段（2004年至今），以“维护黄河健康生命，谋求企业持续发展”的企业使命为价值主线，体现出文化主导的价值取向。

（二）方法上的“五个注重”

1. 注重思想洗礼、观念更新

思想是行动的先导，也是构建核心价值体系的基础，小浪底着重开展了三次思想洗礼。一是前期工程时期，对全体建设者进行艰苦奋斗教育；二是主体工程建设期，对全体建设者进行爱国主义教育;三是运行管理期，积极倡导民生工程、公益性效益优先理念，推进水利枢纽在维持黄河健康生命中发挥作用。

2. 注重整体谋划、制度推进

如果说前期工程和主体工程建设期是小浪底核心价值体系从萌芽、孕育到逐步发展、稳步推进的过程，那么从2004年大力推进企业文化建设，编制企业文化建设规划，则是对核心价值体系的总结、凝练和提升，整个过程连续、系统。尤其是多年来制定了800多项规章制度，对职工的思想意识、工作行为进行了有序规范，使核心价值体系得到有效推进。

3. 注重深入基层、培育沃土

小浪底建管局非常注重核心价值体系的落地生根。在落实企业文化规划中，分导入、深化、推广、调整四个阶段稳步推进，每个阶段都下发专门的实施细则。同时，通过开展学习型组织建设、岗位知识和能力体系建设与“一个党员干部一面旗帜、一个党员一个榜样、一个职工一个形象”，“安全在我心中”，“节约从我做起”，“文明办公、文明环境、文明行为、文明家庭”等活动的有效载体，将核心价值体系贯彻到基层。

4. 注重领导主导、率先垂范

小浪底建管局专门成立了企业文化建设领导小组，由局长担任组长，领导企业文化建设的全部工作。局长在领导企业文化建设中，实行定期检查、考核，做到奖惩兑现，同时身体力行，积极参加企业文化中高层领导干部培训、拓展训练、软实力提升等活动，从组织制度到领导责任上强力保障企业文化建设顺利推进。

5. 注重用好载体、有效传播

一是办好《小浪底》报、局网新闻、板报橱窗等内部媒体，加大宣传力度，凝聚企业人心；二是积极在中央电视台、新华社、《人民日报》、《中国水利报》等媒体进行宣传，展示良好形象；三是通过组织文艺汇演、体育活动、摄影比赛等形式，营造和谐氛围。

三、小浪底核心价值体系的转化

核心价值体系的价值在于，通过固化于制，内化于心，外化于行，形成一种持久的文化力，把生生不息的文化力转化为企业的核心能力，来延续企业的持久生命力。

（一）转化模型

小浪底建管局是一个有着近20年奋斗史的企业，在铸就不朽工程的伟大实践中，形成了丰厚的文化底蕴，从中可以寻求到核心价值体系的转化轨迹，如图2所示。

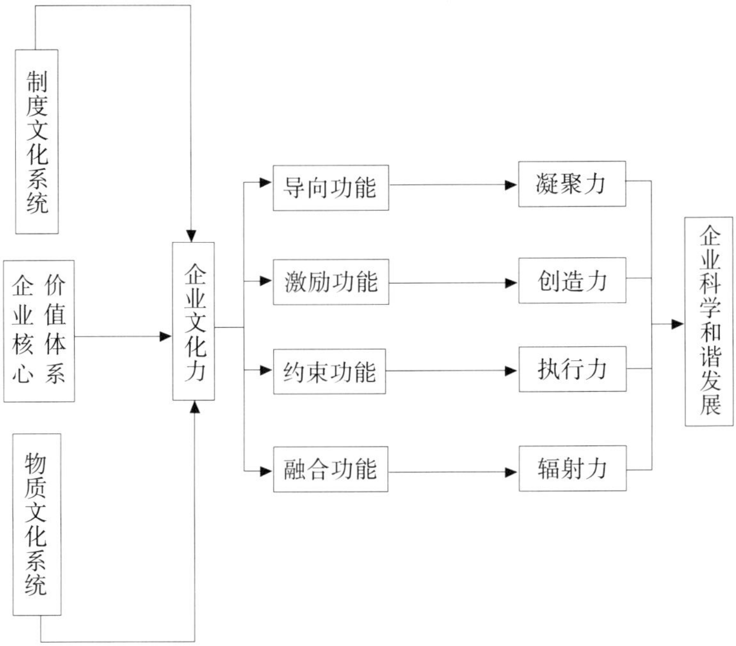

图2　核心价值体系的转化轨迹

模型表明：

（1）小浪底建管局的企业文化系统已经构成了一个完整的统一体。这个体系包括以核心价值为内核的精神文化系统、制度文化系统和物质文化系统，共同形成企业的文化力。

（2）在企业文化力的构成要素中，核心价值体系是最关键的要素，它起着锁定企业目标、构建企业之魂、确定是非标准、感化员工心灵的作用。

（3）企业文化力最终是通过核心价值体系自身的功能来发挥作用的。

（4）核心价值体系的能量释放可有效推进企业的科学和谐发展。

（二）转化途径

小浪底建管局核心价值体系转化主要是发挥其四项功能，形成“四力”。

1. 发挥核心价值体系导向功能，形成凝聚力

一是以企业使命塑造企业的信仰；二是以企业愿景明确企业的发展方向；三是以经营、发展理念推进企业科学和谐发展。企业使命、愿景以及经营、发展理念，为企业的发展起到了凝神聚魂的作用。

2. 发挥核心价值体系激励功能，形成创造力

小浪底建管局始终将“励精图治，追求卓越”作为企业的精神，彰显了小浪底人的意志和品质。正是在企业精神的激励下，小浪底人迸发出惊人的创新能量，在工程建设和运行管理期，破解了一个个难题，创新了一项项技术，铸就了一座座丰碑，形成了攻坚克难、无坚不摧、无往不胜的创造力。

3. 发挥核心价值体系规范约束功能，形成执行力

小浪底建管局全力推进精细化管理，着力建设在精神文化指导下并与之相适应的管理制度、管理规范、管理流程。现已初步建成较为科学的制度体系，这些制度涉及企业管理的方方面面。日常工作中，职工严格按照这些制度操作，执行力不断提高，企业的程序化、标准化、规范化管理迈上新台阶。

4. 发挥核心价值体系的融合功能，形成辐射力

小浪底建管局大力宣传企业核心价值观，以发展水利事业、服务地方经济的理念，统筹处理好与水利系统各部门、电力企业有关单位、地方各级政府等各方面的关系，为水利

枢纽的安全稳定运行和企业的发展创造了和谐的外部环境，形成了有效的辐射力。

（三）转化成果

1. 保证各项任务的顺利完成

在工程建设期，取得了“质量优良、工期提前、投资节约”的巨大成绩。在运行管理期，使枢纽发挥出巨大的社会经济效益：黄河实现连年安全度汛，调水调沙实践与运用使黄河下游的过水能力不断得到提高，引黄灌溉、引黄济青、引黄济津、引黄济淀，为黄河中下游地区经济社会发展和生态修复提供了可靠保障，科学合理调度为河南电网提供了高质量、可靠的清洁能源。

2. 职工的理念得到明显提升

将小浪底水利枢纽定位为惠及于民的“民生工程”，牢固树立安全第一、公益性效益优先理念，最大限度地发挥枢纽的综合效益，为现代水利和可持续水利发展作出了积极的贡献。

3. 企业的管理更加科学规范

以核心价值体系为统领，通过完善规章制度、实施精细化管理等措施，使小浪底建管局的管理更加科学、规范、高效，达到了新高度。

4. 人才队伍素质进一步提高

小浪底建管局职工的思想更加积极向上，学习更加勤奋刻苦，精神更加奋发饱满，作风更加求真务实，工作更加爱岗敬业，劳动关系更加和谐稳定。

5. 企业影响力不断增强

小浪底建管局先后获得“全国优秀水利企业”、“全国五一劳动奖状”、“全国文明单位”等多项荣誉称号，小浪底在国内、国际的知名度得到不断提高。

四、核心价值体系构建与转化需要着力解决的问题

（1）需要解决好核心价值体系如何适应社会经济发展和小浪底建管局实际发展需要而与时俱进、开拓创新的问题。

（2）需要解决好小浪底建管局文化、二级单位文化两个组织层面的相互衔接的问题。

（3）需要解决好进一步提高人才队伍素质，满足企业发展需要的问题。

拓展载体　创新形式
推动创先争优活动深入开展

□小浪底建管局党委

小浪底建管局创先争优活动自2010年5月启动以来，经过周密部署、广泛发动、精心组织、狠抓落实，成功完成了调查研究、动员部署、认真学习、分析查找、制定整改措施、公开承诺等阶段性工作。在活动开展过程中，按照中央和水利部党组的统一部署与要求，小浪底建管局紧密结合实际，拓展载体、创新形式和途径，以“学、合、融、查、评、示、促”，多层面、多形式、多途径推动创先争优活动深入开展，取得了较好效果。

“学”，就是以“学”为先导，以“学”为基础，以“学”为保证，始终将学习贯穿活动的始终。在学习内容上，组织要求广大党员认认真真、原原本本学习中央、水利部党组、局党委关于创先争优活动的一系列部署、要求和规定的学习内容，了解内容，熟悉精神，吃透内涵。在学习形式上，以党支部为单位，采用集中学习为主，灵活分散学习为辅，利用中心组学习、党日学习、部门（单位）每周学习等方式，

本文为2010年12月水利部创先争优活动交流材料。

保证学习时间、人员、效果三落实。开通网络学习专栏、定期编发活动简报、举办专题学习辅导讲座、组织进行专题讨论会，开展互动性学习，延伸学习平台，拓展学习效果。

“合”，一是将创先争优活动与小浪底建管局几年来持续开展的“一个党员干部一面旗帜、一个党员一个榜样、一个职工一个形象”“三个一”主题实践活动相结合，并注重建立长效机制，力求使创先争优和发挥旗帜、榜样、形象作用成为全局广大党员干部和职工的精神境界与追求。二是将创先争优活动与小浪底建管局结合“管好民生工程，谋求多远发展”的实际，正在组织开展的弘扬艰苦奋斗精神和品行教育两项专项教育相结合，积极引导广大党员干部，在进一步继承和发扬艰苦奋斗精神中创先争优，在创先争优中进一步塑造和提升品行素质。以“合”来突出实践特色和效果。

“融”，就是紧密结合实际，不断创新载体和途径，将创先争优的要求真正体现和融入日常的工作与学习当中。按照局党委的这一精神和具体要求，全局各党支部不断拓展载体和思路，创造性地开展了“党员身边无三违”（无违章、无违纪、无差错）、“行动的力量——党员践诺活动”、“我读书，我成长，我贡献”读书共享活动、“技术工作从我做起”主题实践活动以及“作风建设我建言”、争做“三个能手”等丰富多彩的实践活动，把创先争优融入中心任务和具体工作当中，取得了良好的效果。

“查”，就是在“学”、“合”、“融”的基础上，要求全局各级组织和每一位党员干部切实对照先进党组织、优秀共产党员以及“三个一”的具体标准和要求，采取个人对照检查、部门领导谈心交流、支部书记点评、同事相互提醒等多种途径，认真分析和查找自身存在的不足与问题，有针对性地制定整改措施，有计划、分步骤认真进行整改，进而创先争优。

“评”，就是注意挖掘和塑造典型，积极宣传和引导，发挥好典型的示范带动作用。在活动开展过程中，组织开展了“创先争优进行时”、“创先争优在身边”系列宣传活动，及时宣传典型事迹和人物，营造活动开展的浓厚氛围。组织专门人员深入外营项目部和生产一线，采写刊发专题通讯，用身边的事教育身边的人。以庆祝建党89周年、局年度工作会、局第三次科技工作会议等为契机，评选先进组织、优秀共产党员、先进工作者以及技术拔尖人才、享受技术津贴人才等，充分发挥先进典型的带动引领作用。

“示”，就是公开公示。将党员干部查找出的问题、制定的整改措施以及作出的相应承诺，通过网络、汇编成册、制作承诺墙等多种形式张榜公示，亮不足、明目标、定期限，变自律为自律和他律相结合。以“示”充分接受群众监督，强化整改、提高、创先争优的压力和动力。

“促”，就是强化督促检查，确保活动有序、有效开展。在小浪底建管局每月一次的局务会，每季度一次的政工例会上，各党支部都要将创先争优活动组织开展情况作为一项重要内容进行专题汇报。年度民主生活会、组织生活会、民主评议活动，创先争优是主要内容之一。年终总结考核，党员领导干部、党员要将参加活动情况作为一项重要内容进行述职。每季度一次的部门（单位）工作绩效考核，创先争优活动与其他工作一并检查、一并考核、一并赋分。

自创先争优活动开展以来，全局广大党员的政治意识、责任意识进一步提升，思想素质、党性修养进一步提高，工作积极性、主动性进一步增强，争当先进、开拓创新蔚然成风，有力地推动了各项工作的顺利完成：小浪底水利枢纽安全稳定运行，并发挥了巨大的综合效益，西霞院工程即将顺利通过竣工验收，企业多元发展取得突破性进展，体制机制改革进一步深化，企业管理水平明显提升，小浪底水利枢纽继获得“国际堆石坝里程碑工程奖”、“中国水利工程优质（大禹）奖”和新中国成立60周年“百项经典暨精品工程”奖后，又获得了“中国建设工程鲁班奖（国家优质工程）”。

党建工作的调查与思考

□张善臣　柯明星　刘红宝　李　敏
张俊杰　刘孝祥　马勇毅　于永军

小浪底建管局是水利部为建设小浪底水利枢纽工程组建的项目法人单位，全面承担小浪底工程、西霞院反调节水库等水利项目的建设和管理工作。目前，小浪底建管局有在职职工568人，各种专业技术干部436人，其中具有高级职称的职工92人，中级职称178人，初级职称166人。小浪底建管局是水利系统先进单位，连续两届获得“全国文明单位”称号，是“全国五一劳动奖状”获得者。

一、党的建设研究项目的工作情况

小浪底建管局党的建设研究项目是经小浪底建管局批准立项的2010年度科研项目。项目责任部门和单位非常重视，成立了项目研究小组，由分管局领导任组长，党委工作处、局办公室、电厂、综合服务中心、旅游公司等部门有关人员为成员。项目研究小组制定了详细的实施方案，明确了“工作总结实事求是、问题分析全面深刻、工作规划创新可行”的总体目标，确定了外出调查、内部座谈、专家咨询、报告

本文为2010年小浪底建管局党建工作科研项目成果报告。

撰写的技术线路，划分了各个工作节点时间和责任工作人。按照实施方案，研究小组认真组织了实施：一是对小浪底建管局多年来党建工作中形成的自律情况进行了认真的收集、整理和研究；二是对党组织设置、党员状况、党务干部队伍进行了深入调查；三是赴中国华电集团公司、中国华能集团公司等单位进行了调研；四是对局部分职工就党建工作情况进行了座谈和询问；五是聘请河南省委党校教师进行专业咨询；六是注重应用以往问卷调查等相关资料。在实施过程中，项目小组始终坚持“注重深入一线调查研究，注重带着问题思考，注重解决实际问题”的原则要求，力争使得出的成果更具有指导性、针对性和操作性。截至2010年11月底，项目研究工作全部完成。

二、党组织、党员队伍基本情况

（一）党员队伍基本情况

目前，小浪底建管局共有中共党员373人，其中职工党员349人，外聘员工党员24人，党员占全局职工总数（含退休职工）的48%。党员的构成情况如下：

第一，从学历情况看，具有研究生学历的党员17人，占党员总数的5%；有大学本科学历的212人，占党员总数的57%；有大学专科学历的90人，占党员总数的24%；有高中学历的16人，占党员总数的4%；有初中学历的5人，占党员总数的1%。

第二，从年龄结构情况看，年龄在25岁以下（含25岁）的17人，占党员总数的5%；年龄在26~35岁的71人，占党员总数的19%；年龄在36~45岁的113人，占党员总数的30%；年龄在46~54岁的57人，占党员总数的15%；年龄在55~59岁的21人，占党员总数的6%；年龄在60岁以上的94人，占党员总数的25%。

第三，从党员分布情况看，局机关职能部门有党员58人，占党员总数的15%；枢纽管理区管理部门有党员24人，占党员总数的6%；生产管理和后勤服务单位有党员99人，占党员总数的27%；局属公司有党员93人，占党员总数的25%；退休职工党员99人，占党员总数的27%。其中，外营项目点有44人，占党员总数的12%。

（二）基层党组织设置情况

目前，小浪底建管局党组织机构健全，在局党委的统一领导下，全局设有党总支1个（退休职工管理处党总支），党支部14个（机关第一党支部、机关第二党支部、机关第三党支部、驻京办事处党支部、枢纽管理区管理部门党支部、郑州退休职工管理处党支部、洛阳退休职工管理处党支部、电厂党支部、综合服务中心党支部、咨询工程公司党支部、旅游公司党支部、置业公司党支部、投资公司党支部、龙背湾公司党支部），党员联系小组3个（汉江公司党员联系小组、援藏党员联系小组、华南投资有限公司党员联系小组）。多数党支部下设置了党小组，全局共有党小组22个。

（三）党务干部队伍情况

小浪底建管局共有专兼职党务干部65人，其中，党委书记、副书记各1人，党支部书记、副书记、支部委员60人，党委工作处3人。党务干部队伍构成情况：

第一，从学历情况看，大学本科学历的47人，占党务干部总数的72%；大学专科学历的12人，占党务干部总数的18%；中专学历的5人，占党务干部总数的8%；高中学历的1人，占党务干部总数的2%。

第二，从年龄情况看，25岁以下的1人，占党务干部总数的2%；26～35岁的11人，占党务干部总数的17%；36～45

岁的30人，占党务干部总数的46%；46～54岁的8人，占党务干部总数的12%；55～59岁的6人，占党务干部总数的9%；60岁以上的9人，占党务干部总数的14%。

三、党的建设的主要做法

近年来，小浪底建管局党委坚持以“围绕中心抓党建、抓好党建促发展”为工作思路，明确提出建设学习型、堡垒型、务实型、规范型、廉洁型的“五型”党组织要求，不断加强党的思想、组织、作风、制度和党风廉政建设，着力发挥党组织的政治核心、战斗堡垒作用和共产党员的先锋模范作用，使党的建设工作取得了明显的成效，实现了物质文明和精神文明的双丰收，为小浪底工程建设、水利枢纽的安全稳定运行及企业管理、改革与发展提供了坚强的政治和组织保证，有力地推动和促进了小浪底建管局各项事业的科学和谐发展。小浪底建管局党的建设的基本情况如下。

（一）把提高党员思想政治素质放在首位，加强党的思想建设

近年来，小浪底建管局党委始终坚持把思想建设和理论武装摆在突出位置，注重对党员干部的教育和引导，着力打造高素质的党员干部队伍。一是选好学习内容。组织广大党员认真学习党的十六大、十七大等重要精神和“三个代表”重要思想、科学发展观理论知识，深入开展保持共产党员先进性教育活动、科学发展观主题实践活动，积极推进“新解放、新跨越、新崛起”等主题教育活动。同时，结合实际，有针对性地开展《精细化管理——执行力提升计划》、《方法总比问题多》等书籍的学习。二是创新学习方法。在采用传统的脱产党校培训、专人宣读、专家辅导、收看录像、座谈交流等方式的基础上，还采取了专题主讲、主题辩论、交流讨论、参观学习等形式，创新了学习方法。三是保证学习时间。积极塑造终身学习理念，认真上好党课，基本上做到每月至少组织集中学习两次，中心组学习坚持得比较好。同时，鼓励利用网络、报纸、电视等媒介在业余时间学习。四是理论联系实际。充分发扬理论联系实际的优良传统，带着问题学习，将学习的理论与小浪底建管局的实际情况结合起来，发挥理论的指导作用。通过学习，使广大党员干部思想政治素质和理论水平得到不断提高，在理论武装、指导实践、推动工作上取得了显著成效，为全局各项工作的顺利开展提供了政治思想保证和理论指导。

（二）以增强党组织凝聚力和战斗力为重点，加强党的组织建设

一是做到党组织全范围覆盖。根据局机构、人员调整等变化，及时调整党组织机构设置，保证党员工作到哪里，党组织覆盖到哪里，在西藏、重庆等党员人数少的援建点和工作地都成立了联络小组，同时为各级党组织配备政治素质高、工作能力强、群众评议好、服务党员热心的党务干部。二是加强党务干部培训。通过党校专业培训、专家教授专题辅导、外出学习考察、以会代训等多种方式开展党务干部培训，党务干部的综合素质和领导工作能力不断提高。三是注重领导班子建设。通过教育、岗位锻炼、外出考察、经常性地召开班子碰头会研究问题等方式提升领导水平，提高解决问题的能力。四是保证党组织日常生活。经常性地召开党支部委员、党员、党小组会议，坚持“三会一课”制度。五是积极慎重发展党员。按照“坚持标准，保证质量，改善结构，慎重发展”的要求，强化入党积极分子培养和教育，严格发展程序，保证发展质量。六是拓展党员活动平台。在水利系统率先建设了党支部标准活动室，配备了电视、学习书籍等，积极发挥支部活动室的组织阵地、学习教育阵地、活动阵地的作用。

（三）以提升党性修养为主线，加强党的作风建设

一是加强作风教育。除先后开展了社会主义核心价值体系、“八荣八耻”、“两个务必”、“讲正气、树新风”等主题教育活动外，还结合单位实际，创造性地开展了“一个党员干部一面旗帜、一个党员一个榜样、一个职工一个形象”主题教育活动，艰苦奋斗主题教育活动，品行管理主题教育活动，不断增强党员的党性修养。二是进行批评与自我批评。积极组织好每年一度局、处两级民主生活会和党员的组织生活会，认真学习、对照检查、查找问题、整改提高，促进作风建设。三是推进精细化管理。精简会议和文字材料，加强执行力建设，强化节约管理。四是监督检查。认真组织民主评议党组织、党员活动，对党员实行360度打分；将作风建设作为党员年终考核的重要内容，年底统一述职打分；将单位作风建设情况作为主要内容，每季度进行一次考核，并将考核结果与收入直接挂钩。这些措施，使党员干部的模范带头作用得到明显增强，求真务实、真抓实干的良好作风在全局进一步形成。

（四）以规范化管理为目标，加强党的制度建设

小浪底建管局党委逐步完善了党内学习制度、组织生活制度、政工例会制度、工作考核制度和党委议事规则、组织发展等各项制度，这些制度涵盖了党支部工作、党员学习、组织建设、作风建设等内容，逐步形成了较为完备的党建工作制度体系，为党建工作规范化奠定了基础。绝大部分党支部也制定了自己的学习制度、议事规则等制度。在具体工作中，广大党员干部认真贯彻落实这些规章制度，使党的工作向制度化、规范化迈进，制度建设在党建工作中的根本性、长期性作用不断强化。

（五）以强化教育、落实责任、完善机制、加大监督为抓手，加强党风廉政建设

小浪底建管局党委始终按照标本兼治、综合治理、惩防并举、注重预防的工作方针，以工程、干部、资金“三个安全”为目标，扎实推进党风廉政建设和反腐败工作。一是思想重视。把党风廉政建设作为党的组织建设和思想建设的重要内容纳入党政领导班子、领导干部目标管理范围，与教育改革和发展以及业务工作紧密结合，一起部署，一起落实，一起检查，一起考核。二是强化教育。认真学习党中央、国务院、中纪委有关加强党风廉政建设文件精神，采取预防职务犯罪共建、参观监狱、手机短信发放“廉政格言”、办公台签摆放“廉政六戒”等措施，创新教育方法，从思想上构筑牢固的思想道德防线。三是完善机制。始终坚持党委统一领导，党政齐抓共管，纪检监察组织协调，各部门（单位）各负其责，依靠群众支持和参与的领导体制。四是强化责任。加强惩防体系建设，落实党风廉政建设责任，做好责任分解、责任考核、责任追究三个环节。五是抓重点环节。对工程招标投标、大宗物资采购、工程分包、设备检修等重点环节，加大管理力度，严防管理漏洞，加强党风廉政建设。六是注重监督考核。将党风廉政建设情况作为重要内容，在每月一次的局务会议、每季度一次的政工例会上进行汇报，并纳入年终干部考核和每季度部门（单位）考核。

（六）以提升发展软实力为目的，不断加强精神文明建设和企业文化建设

小浪底建管局党委始终高度重视精神文明创建工作，以着力打造“民生、安全、人本、文化、和谐、绿色”小浪底为抓手，不断推动全局精神文明建设向更高层次迈进。以民生工程理念为引导，以承当社会责任为基础，积极沟通协调，实现企业发展与外部环境的和谐；以人为本，关心关爱职工，注重心理引导和疏导，实现企业内部和谐；不断净化、绿化、美化生产生活大环境，实现人与自然的和谐；积极开展“四个文明”创建，大力开展丰富多彩的文体活动，不断提升职工的文明素质和精神文化生活。自2004年以来，小浪底建管局系统地开展了企业文化建设，成立了企业文化建设规划领导小组和工作小组，研究制定了《小浪底建管局企业文化规划》，制定了《小浪底建管局企业文化建设实施方案》，向全局职工印发了《企业文化手册》，全面推行企业文化建设。在导入期、深化期和推广期，分别制定了各个时期的工作实施方案，组织开展了企业文化专题培训、视觉识别系统建设、中高层领导干部拓展训练、“小浪底故事”主题征文、大型文艺演出等重大活动，企业文化核心理念不断强化，民生工程文化、安全文化、责任文化、制度文化深入人心，励精图治、追求卓越的企业精神得到了大力弘扬，职工归属感、自豪感、凝聚力得到增强，小浪底形象、小浪底品牌不断提升，树立了良好的企业内外部形象。

四、党的建设的基本经验

经验之一：坚持以科学发展观为统领。科学发展观是科学发展的根本指导思想,是指导发展的世界观和方法论，对包括党的工作在内的一切工作具有重要的指导意义。多年来，小浪底建管局党的工作一直坚持以科学发展观为统领来开展，着力转变不适应、不符合科学发展观的思想观念,着力解决影响和制约科学发展的突出问题 ,进而构建有利于科学发展的党的工作体制机制，保证企业始终沿着正确的政治方向前进。

经验之二：党委高度重视党建工作。小浪底建管局党委高度重视党的工作，始终坚持“两手抓，两手都要硬”的工作方针，以高度的政治责任感大力推进党的工作，逐步形成了在党委统一领导下，以党支部为基础，党务职能部门协调组织，党政工团齐抓共管的良好工作机制和格局。这既是小浪底建管局党的工作取得巨大成绩的前提，又是小浪底建管局实现全面协调发展和两个文明建设双丰硕的重要保证，也是小浪底建管局始终应该坚持的一条宝贵经验。

经验之三：坚持围绕中心，服务大局。小浪底建管局党委紧紧围绕党的基本路线和建设管理活动开展工作，坚持“围绕发展抓党建、抓好党建促发展”的指导思想。无论是在工程建设的高峰期，还是在企业改革发展的关键期，亦或是重大战略和工作任务的实施期，党的各项工作都紧紧围绕当时的中心任务来开展，始终服从和服务全局中心工作任务，从而有力地促进了工程建设和企业改革发展各项工作的进展。党组织服务大局的职能主要体现在三个方面：一是不断丰富党建工作的内涵。譬如，扎实有效地抓好思想教育，把党员干部的思想引导到围绕中心任务、服务工作大局上来。二是找准党建工作的切入点，把党建工作放在水利发展的大背景下去定位思考，围绕发展主题确定党建工作重点，努力做到贯彻中央水利工作方针政策时有部署，落实本单位重要工作决策时有行动，推动本单位中心任务时有作为。三是党建工作实现“四同”，即坚持党建工作任务与建设管理任务同布置，党建目标与企业年度目标同方向，党建工作成效与企业效益同考核，党务政工人员与经营人员同奖罚。

经验之四：坚持以人为本。小浪底建管局党委一方面通过加强党员干部的政治理论和业务知识学习，提高党员干部的综合素质；通过加强领导班子建设，提高班子工作的战斗力；通过做好思想政治工作，统一思想，凝聚力量；另一方面，关心职工的成长和发展，为职工成才创业创造良好的条件；关心职工的工作和生活，为职工安心工作提供良好的外部保证。以人为本的工作理念，为做好各项工作提供了坚实的人才和组织保证。

经验之五：专兼职党务干部有敬业奉献精神。多年来，小浪底建管局广大专兼职党务干部按照局党委的统一部署和要求，发扬敬业奉献精神，始终坚持两手抓、两手硬，统筹兼顾，合理安排，全面协调，确保了小浪底建管局党委的各项工作部署落在实处，这是小浪底建管局党的工作取得显著成绩的重要因素。

经验之六：坚持继承与创新并重，不断探索适合形势发展需要的党建工作新形式。在新的历史条件下，党的建设一方面要继承和发扬好的优良传统，另一方面也要与时俱进，大胆进行理论和实践上的探索。一是创新载体。小浪底建管局党委根据自己的实际，开展了“一个党员干部一面旗帜、一个党员一个榜样、一个职工一个形象”主题教育活动、艰苦奋斗主题教育活动、品行管理主题教育活动。不仅很好地体现了小浪底建管局党建工作指导思想和重点，而且也找到了实现局党委党建工作目标的有效载体，这些创新党建工作载体的做法值得借鉴和引进。二是创新方法。如利用手机短信进行廉政教育、利用“作风建设我建言”读书活动进行作风建设、利用网络开展主题讨论和学习交流等，使党的建设方法不断得到拓展和创新。

经验之七：坚持发挥党员主体地位，不断激发党建工作的活力。小浪底建管局党建工作之所以能够有较强的吸引力、影响力和实际的效果，重要的一点就在于能够坚持党员的主体地位，调动一切积极因素。跳出“就党建抓党建”的固有模式，始终在与业务工作的结合上下工夫，始终以充分调动党员的积极性、创造性为着力点，明确职能，强化功能，努力提高党组织的执行力；树立“以党员为本”的理念，相信党员、依靠党员、带领党员，尊重他们的创造精神，共同研究探索解决问题的新思路、新办法，将党建工作提升到更高的层次和水平。

经验之八：坚持注重长效机制的建立和各项制度的完善，不断提升党建工作科学化、规范化、制度化水平。机制和制度更带有根本性。小浪底建管局党建工作的实践表明，党建工作要取得实效，离不开一个好的机制和一套完善的制度作保证。要努力形成包括教育、运行、激励、监督在内的一整套做好党建工作的有效机制。同时，着手制度的设计和完善，通过制度来履职、管人、办事，提高党建工作科学化、规范化水平。

五、党的建设存在问题和原因分析

几年来，小浪底建管局在党的建设、思想政治工作、精神文明建设和企业文化建设工作等方面都取得了显著的成绩，但是，也存在一些不足和问题。

（一）对企业党的建设工作重要性认识有待进一步提高

党组织在国有企业中发挥政治核心作用，中央早有明确规定，但在认识上还有偏差，主要表现在：部分业务领导干部存在“重业务、轻党建”的思想，对党建工作热情不够、工作不实、要求不高，存在“说起来重要，做起来次要，忙起来不要”的现象。对局内党建工作的重大安排部署上，个别党支部存在以会议传达会议现象，没有结合本单位实际提出贯彻落实措施，或者措施不具体，针对性不强，操作性不够。

原因分析：一是学习不够，尤其是政治理论系统学习不够，从根本上影响了对党建工作重要性的认识；二是站的高度不够，没有从培养人才、促进单位科学和谐发展的角度考虑党建工作的重要性。

（二）围绕中心、服务大局的意识有待进一步提高

小浪底建管局党委基本上能将服务中心任务作为一切工作的落脚点和出发点，并积极拓展载体、创新方式来深入贯彻。但个别党支部的党建工作在如何围绕中心，服从、服务于企业改革发展稳定的大局这方面办法不多，老的一套办法、手段、载体不灵，新的办法、手段、载体不明。

原因分析：一是思想上没有服务中心任务的意识，认为党建工作是“虚”的，即使狠抓也服务不了中心工作任务；二是深入一线、调查研究不够，找不到服务中心工作任务的有效载体和有效方法。

（三）专、兼职党务干部按照科学工作方法开展工作的能力和水平有待进一步提高

具体表现为：部分专、兼职党务工作人员党务专业的理论水平、业务知识、思路方法、领导艺术和实际工作经验还有欠缺；具体工作中存在上传下达、照本宣科的现象。对中央和水利部党组以及局党委的战略部署和要求的领会与把握有时还不能完全到位。

原因分析：一是部分党务干部对党务工作的理论和具体业务知识的学习认识不到位，学习不够系统深入；二是思想观念、工作作风和能力素质与推动小浪底建管局科学发展的要求还有较大差距；三是有针对性的培训有待进一步加强。

（四）部分职工的思想观念和意识不适应科学发展观的要求，还不能完全满足企业发展形势的需要

具体表现为：部分职工存在小富即安、满足现状、不思进取的现象，大局意识、忧患意识、责任意识和市场意识不强。外聘员工的责任心、小浪底意识不强，工作的热情和积极主动性不高。

原因分析：一是部分职工面对小浪底建管局的大好形势思想观念发生了微妙转变；二是一些职工的思想观念不能完全适应小浪底建管局改革发展形势的需要；三是思想政治工作有时不到位；四是外聘员工的思想教育和学习还未能纳入正常的工作轨道；五是相应的考核激励机制还不够科学完善。

（五）个别党员的先锋模范作用还不够突出

具体表现为：个别党员在学习上、工作中以及平常的一言一行，不能体现出一个共产党员应有的模范带头作用，个别党员甚至混同于一般群众，得过且过，缺乏责任心、事业心和党员意识。

原因分析：一是个别党员对学习重视程度不够，自己的知识更新能力达不到社会和单位发展的需要；二是对自己要求不严，不能有效地履行一个党员的权利和义务，不能发挥模范带头作用；三是放松了对人生观、世界观、价值观的改造，理想信念出现了滑坡。

（六）支部工作发展还不平衡，部分党支部工作需要进一步加强

具体表现为：支部班子成员的整体作用发挥不够，工作主要由书记、副书记做，其他委员分担任务少；个别党支部党的活动开展不多，个别党小组作用发挥不够；个别党支部向局党委汇报少，与其他党支部沟通交流少；个别党支部的党建工作制度少，甚至没有；个别党支部活动阵地建设不够规范、美观，存在重建设、轻管理现象；个别党支部的会议记录不够规范；个别党支部在重大活动和人事调整中，很难听到党组织的声音、看到党组织的工作、体现党组织的作用，这削弱和淡化了党的自身建设。

原因分析：一是部分党务干部工作经验和能力以及领导水平还不能完全满足实际工作的需要；二是对党务工作的重视程度不完全到位，在如何更好地处理好党务工作和行政业务工作的关系上还有差距，存在交差和应付的现象。

（七）开拓创新能力有待进一步加强

主要表现为：不少党支部和党务干部一直沿用老的方法方式开展党建工作，开拓意识不够，党的工作呆板，吸引力不够，针对性不强，效果不好。如在对职工教育上仍沿用集中读报纸、读文件的方法，利用现代网络等高科技手段进行学习的方法和载体少。

原因分析：一是眼界不够开阔，思路不够拓展，创新性思维不够重视，现代技术应用不足；二是不注重调查研究，不能很好地分析问题，并提出相应的解决问题的方法。

（八）精神文明建设、企业文化建设需要继续加强

小浪底建管局在精神文明建设和企业文化建设方面做了大量的工作，也取得了较好成效，但仍有部分职工全国文明单位意识和小浪底无小事意识不强；文明环境、文明办公、文明言行上还存在与全国文明单位不相符合的现象、言行和薄弱环节；精神文明建设的长效机制还有待进一步健全和完善；企业文化建设下一步工作需要进一步系统规划。

原因分析：一是面对已经获得“全国文明单位”称号、精神文明建设程度较高的成绩，存在精神文明建设已没有问题，无须下更多工夫的想法和观念；二是认为企业文化建设已经走在了前列，不需要像前几年一样力度那么大了。

六、党的建设面临的形势任务

今后几年，是我党认真贯彻党的十七大以及十七届四中、五中全会精神、积极践行科学发展观的关键几年，是小浪底建管局“管好民生工程，谋求多元发展”的重要五年，是全面落实小浪底建管局第三个企业发展规划、人才发展规划、技术发展规划的五年，新形势新任务要求小浪底建管局必须进一步加强党的建设。

（一）贯彻落实党的十七大和十七届四中、五中全会精神需要进一步加强党的建设

党的十七大发出了以改革创新精神全面推进党的建设新的伟大工程的号召，对加强党的建设作出了重要部署。党的十七届四中全会认真总结了党执政60年来加强自身建设的基本经验，指出了加强和改进党的建设的总体要求、目标任务、重要举措，对加强和改进新形势下党的建设作出具体安排。党的十七届五中全会就国家第十二个五年规划作出了总体规划。党的十七大和十七届四中、五中全会精神是指导当前和今后一个时期党的建设和经济发展的纲领性意见。小浪底建管局党组织作为全党的一个“细胞”，必须认真贯彻落实党的十七大和十七届四中、五中全会精神，按照要求，切实加强和改进党的建设。

（二）巩固和扩大学习实践科学发展观活动成果需要进一步加强党的建设

2008年9月至2009年2月，小浪底建管局作为第一批单位，认真开展了深入学习实践科学发展观主题实践活动。在活动中，各级党组织和广大党员着力转变不适应、不符合科学发展要求的思想观念，着力解决影响和制约科学发展的突出问题以及加强党性修养、保持先进性方面的问题，着力构建有利于全局科学发展的制度机制，创造了一些推进党的建设的好做法。巩固和扩大活动成果，把科学发展观的要求体现到党的建设的具体工作中，提高党建科学化水平，必须继续加强党的建设。

（三）积极应对改革发展面临的形势任务，推进企业科学和谐发展需要进一步加强党的建设

我国经济社会的快速发展，水利基础设施建设步伐的进一步加快，广阔的水电资源开发市场，为小浪底建管局争取水利工程项目建设管理提供了难得机遇。小浪底建管局自身积累的大中型水利工程建设运行管理、内部管理、公司运作和改革发展经验，具有的品牌、财务和人才资源优势，为企业改革发展提供了有利条件。但水电资源开发争夺异常激烈，同时，与企业多元发展相关的水电工程建设、房地产、旅游等行业也发展快速，形势紧迫。面对竞争激烈的市场，抓住难得机遇、利用好有利条件，推动企业科学和谐发展，需要进一步加强党的建设。

（四）解决党组织内部存在的一些问题需要进一步加强党的建设

小浪底建管局党的建设存在八个方面的问题，原因是多方面的，要彻底解决这些问题，不是一朝一夕的事情，需要长时间的努力，需要长时间加强党的建设，持之以恒、常抓不懈。

七、加强党的建设的基本思路

加强和改进小浪底建管局的党建工作，是小浪底建管局党委的重要政治任务。加强和改进党建工作的总体思路是：深入学习贯彻党的十七届四中、五中全会精神，认真贯彻落实科学发展观，积极践行可持续发展治水思路，紧紧围绕局“管好民生工程，谋求多元发展”的发展方向，围绕中心，服务大局，以提高党的建设科学化水平为目标，以加强党员干部队伍建设，增强党组织的凝聚力、战斗力为重点，着力加强党的建设、思想政治工作、精神文明建设、企业文化建设，充分发挥党组织的战斗堡垒作用和广大党员的先锋模范作用，为企业的安全、建设、效益和多元发展目标提供坚强的思想、政治、组织保障与智力、文化、精神支撑。

（一）提高思想认识，切实加强对党建工作的组织领导

党建工作始终是组织保证，是核心竞争力的有机组成部分，是改革发展的重要内容和重要保证。加强和改进小浪底建管局的党建工作，一要用中国特色社会主义理论体系武装党员干部头脑。继续坚持不懈地用中国特色社会主义理论体系武装广大干部职工的头脑，增强党性修养和贯彻落实科学发展观的自觉性与坚定性，提高推进科学发展的能力和水平。要加强理想信念教育，使广大党员干部成为实践社会主义核心价值体系的坚定信仰者、科学发展观的忠实实践者、小浪底建管局科学和谐发展的积极执行者；要加强思想道德建设教育，使广大党员干部知荣辱、明是非。二要创新党建工作思路，主动适应党员职工队伍思想观念和利益诉求发生的新变化。三要增强党建工作意识。牢固树立“抓好党建是本职，不抓党建是失职，抓不好党建是不称职”的理念，增强做好新形势下国企党建工作的责任感和使命感，形成浓厚的党建工作氛围。四要落实党建工作责任制。实行“一岗双责”，落实党支部书记是部门（单位）党建工作第一责任人，其他领导干部按照职责分工同时负有党建工作职责的党建工作责任制。五要加强党建工作督导。建立和完善领导干部党建工作联系点制度，加强对党建工作的联系督导。注重党组织和工作机构设置与行政机构相对应，以形成完整的党建工作网络系统。做到党建工作全覆盖，无缝隙，新跃升。

（二）加强领导班子建设，着力增强企业党组织的凝聚力和战斗力

加强和改进小浪底建管局党的建设，要把各部门（单位）领导班子建设、基层党组织建设作为核心任务和重大工程，采取切实有效措施抓紧抓好。一要推进人事制度改革，创新干部选拔机制。要坚持德才兼备、以德为先标准，讲政治、重业绩、看品行、用能人，体现组织认可、职工群众认可，真正把忠诚党和国家事业、具有战略思维、勇于改革创新、善于经营管理、得到职工群众信任的优秀人才选拔上来。二要健全培育机制，着力提升引领企业科学发展的能力素质。要构建学习型领导班子，提高政治素质，加强品行修养，增强战略决策能力、把握市场能力、推动创新能力、应对危机能力，以及抓班子带队伍能力。对只抓生产不管党建，自我要求不严格，水平低、作风差、不学习、不民主的领导人员，要批评教育直至调整。三要完善监督考核体系，确保廉政从业。围绕工作目标责任制和岗位职责规范，探索建立领导班子和领导人员考核评价办法。四要广泛开展以争创“四强”（政治引领力强、推动发展力强、改革创新力强、凝聚保障力强）党组织和争当“四优”（政治素质优、岗位技能优、工作业绩优、群众评议优）共产党员为主要内容的创先争优活动。以领导班子建设带动基层党组织建设和党员队伍建设，增强企业党组织的凝聚力和战斗力。

（三）加强党员教育培训，全面提升党员队伍整体素质

要创新党员发展和教育工作。重视做好在生产经营一线和青年职工中，在高知识、高技能群体中发展党员，把技术骨干和生产经营骨干培养发展成党员，把青年职工和高知识、高技能群体中的优秀分子吸收到党员队伍中来。加强对党员的思想教育和业务培训，使党员成为生产经营的能手、创新创业的模范、提高效益的标兵，做到重要岗位有党员、主要骨干是党员、关键时刻见党员。要按照《2009—2013年全国党员教育培训工作规划》（中办发[2009]23号）的要求，加强党员教育培训。一要明确培训重点。党员教育培训要将理想信念教育和能力建设贯穿始终，根据不同类型、不同层次、不同岗位党员的实际需求，有步骤、有重点地组织教育培训工作。二要完善培训内容。认真组织学习贯彻胡锦涛同志在党的十七届四中全会上的重要讲话和《中共中央关于加强和改进新形势下党的建设若干重大问题的决定》，把中国特色社会主义理论体系教育放在首位，进行党章和党的基本理论、党的基本知识、党的历史、党的路线方针政策和形势任务教育，法律法规和党风党纪教育，业务知识和技术技能培训。三要改进培训方法。采取灵活多样的方式方法，做到经常性教育与集中培训并重。通过党内集中教育、党员集中轮训、领导干部讲党课制度等多种形式，开展先进性主题党员教育培训活动。

（四）完善党建工作机制，逐步形成党建工作新格局

一要完善领导体制。继续坚持、不断完善“双向进入、交叉任职”的办法，把党组织的机构设置、职责分工、工作任务纳入企业的管理体制、管理制度、工作规范之中，使党组织的地位和作用组织化、制度化、具体化。二要健全党组织参与决策的体制机制。党组织要议大事、谋全局、明方向，对涉及改革发展的重大决策、重要人事调整以及涉及职工群众切身利益的重大问题等，认真研究讨论，提出意见建议。三要改进党组织发挥作用的方式方法。强化党员经常受教育永葆先进性长效机制、党内激励关怀帮扶机制、党员联系和服务群众工作机制等党的三项机制建设。四要创新党务工作者选配模式。推进党建工作的改革创新，必须建设一支政治强、业务精、作风好、肯奉献的党务干部队伍。要注重选拔从事过生产管理工作的同志担任党组织负责人，选拔从事过党务工作的同志担任行政负责人。

（五）创新基层党建工作，夯实基层党组织建设

要着眼于更好地发挥基层党组织的战斗堡垒作用和党员的先锋模范作用，不断创新基层党建工作。一要创新基层党组织设置方式。实现党组织和党的工作全覆盖，做到哪里有群众哪里就有党的工作、哪里有党员哪里就有党组织、哪里有党组织哪里就有健全的组织生活和党组织作用的充分发挥，形成完整的党建工作网络系统。二要创新基层党组织活动内容和方法。把解决企业改革发展中的难题作为活动重点，通过党员先锋岗等有效载体，为党员发挥作用搭建平台，使党建工作成为企业发展的内在推动力量。三要创新党组织活动方式和载体。要加强生产管理一线党组织建设，把解决改革发展中的难题作为党组织活动的重点，把促进生产经营的成效作为重要检验标准，通过党员责任区、党员先锋岗、党员品牌工程、党员攻关项目等有效载体，为党员发挥作用搭建平台，使党建工作成为内在推动力量。要注意借鉴和运用现代企业管理的科学方法和手段开展党建工作，讲效率、讲效益，使党组织活动真正为党员所欢迎、职工所拥护。四要重视做好在生产管理一线和青年职工中发展党员工作。注意在各类技术骨干和生产经营骨干中培养发展党员，把青年职工中的优秀分子吸收到党员队伍中来。要加强对党员的思想教育和业务培训，努力把党员培养成生产经营的能手、创新创业的模范、提高效益的标兵，做到重要岗位有党员、主要骨干是党员、关键时刻见党员。

（六）加强思想政治工作和精神文明、企业文化建设

一是强化思想政治工作，发挥“生命线”的作用。思想政治工作是一切工作的生命线，起着凝聚人心、振奋精神、鼓舞士气、推动工作的重要作用。要从信息化、全球化、知识化浪潮对职工思想、思维和行为方式冲击的现实出发，积极探索新形势下开展思想政治工作的新途径、新方法。要深入工作、生产一线，积极学习、宣传、解释党的路线、方针、政策和小浪底建管局的规章制度；要多与职工交流，做职工的知心朋友，了解他们的思想动态、精神需求，帮助职工解决具体困难；要做好小浪底建管局体制改革和工作重心转移、职工岗位变化和工资调整等重大涉及职工切身利益事项的思想政治工作；要加强对职工群众的教育引导，根据不同对象，有针对性地开展心理疏导、调试和辅导，使其始终保持健康向上的心态。二是强化精神文明建设。要继续开展“一个党员干部一面旗帜、一个党员一个榜样、一个职工一个形象”主题教育活动，充分发挥旗帜、榜样、形象作用；要继续开展“文明言行、文明办公、文明环境、文明家庭”建设活动，提升文明行为；要按照建设环境友好型、资源节约型社会的要求，开展艰苦奋斗、勤俭节约教育；要努力提高职工的生活水平，让广大职工共享企业发展成果；要统筹处理好人与自然、人与企业、人与人之间的关系，营造和谐氛围。三是强化企业文化建设，发挥文化力引导、凝聚、激励、约束作用。企业文化是企业成长最持久的决定因素。要对现有的企业文化进行系统总结，在继承的基础上，进一步创新，制定新的企业文化发展规划。要通过宣传引导、专题培训、建章立制、文体活动等方式，把企业文化建设融入到企业改革发展的各项工作中、体现到各个环节上，推进企业文化建设深入开展。

（七）加大惩治力度，扎实推进党风廉政建设

按照党要管党、从严治党的要求，认真贯彻标本兼治、综合治理、惩防并举、注重预防的方针，扎实推进教育、制度、监督并重的惩治和预防腐败体系建设，不断提高反腐败工作的整体效能。一要强化教育。要加强廉政教育，提高思想政治素质，构筑牢固的思想道德防线。要牢固树立正确的权力观、地位观、利益观，夯实廉政从业的思想基础。大力推进廉政文化建设，营造风清气正、廉政从业的良好氛围。要在党员干部职工中普遍开展反腐倡廉教育，重点抓好领导班子成员、党员领导干部的教育，加强对领导人员行使权力的约束和监督。二要完善机制。要加强对招标投标、大宗物资采购、工程分包、工程及设备维修维护等关键环节监督；要推进制度建设，构筑反腐倡廉的长效机制，从源头预防和治理腐败；要抓好党风廉政责任制建设，重点是责任分解、责任考核、责任追究三个环节；要认真贯彻《2008—2012年惩治和预防腐败体系实施意见》，保证制度的有效执行。认真落实述职述廉、重大事项报告、诫勉谈话、公务回避等制度，紧紧抓住投资、采购、决策、用人等关键环节，健全责任追究和公开监督制度，从制度上促进和保证自我约束、廉政从业。三要广开言路。扩大党内外民主，认真听取和尊重党员干部职工的意见、建议，自觉接受党内外监督，最大限度地调动各方面的积极性。

附 录

水利部小浪底建管局思想政治工作大事记

2006年

3月 印发《2006年党的工作安排意见》

3月 召开2006年纪检监察工作会议

3月 印发《关于认真开展社会主义荣辱观教育的通知》

3月 团委以“建设绿色家园，创建文明工地”为主题，开展义务植树活动

4月 承办中国水利政研会第六次会员代表大会

4月 团中央书记处书记贺军科参观小浪底水利枢纽

4月 西霞院项目部团支部获“河南省五好团支部”称号

4月 团委、水力发电厂团支部获“河南省增强共青团员意识主题教育活动组织奖”

4月 黄河水利水电开发总公司获“诚信纳税大户”称号

4月 张忠祥获“河南省新长征突击手”称号，李宁获“河南省优秀共青团员”称号，张红建获“河南省模范团干部”称号

5月 印发《关于庆祝建党85周年活动安排的通知》

5月　印发《关于表彰2005年度宣传工作先进单位　优秀通讯员　优秀作品的决定》

6月　水利部副部长翟浩辉视察小浪底水利枢纽

6月　印发《关于表彰2005—2006年度先进党组织、优秀共产党员和优秀党务工作者的决定》

6月　印发《小浪底建管局开展治理商业贿赂专项工作实施方案》

6月　召开纪念建党85周年暨“创先争优”表彰大会

7月　召开反商业贿赂工作座谈会

8月　印发《关于举办我局2006年文艺汇演的通知》

8月　印发《关于开展学习〈江泽民文选〉的通知》

8月　团委召开第二次团员大会

9月　水利部副部长矫勇、总工程师刘宁一行考察小浪底水利枢纽

9月　黄河小浪底风景区被评为“中国最具吸引力的地方”

10月　水利部文明单位复审组对局水利文明单位进行了复审

10月　局获得2006年全国水利系统“人水和谐”征文比赛优秀组织奖

11月　印发《关于进一步发展党员工作的通知》

11月　印发《关于认真贯彻党的十六届六中全会精神的通知》

12月　局荣获“2006年度全国水利企业文化优秀奖”

12月　团委组织开展“我为农村孩子献爱心”活动

12月　旅游开发公司景区接待中心获“河南省青年文明号”称号

2007年

3月 召开2007年党委暨纪检监察工作会议

3月 印发《关于召开以加强领导干部作风建设为主题的党员领导干部专题民主生活会的通知》

3月 印发《小浪底建管局企业文化建设深化期工作落实方案》

3月 印发《小浪底建管局2006年度纪检监察工作总结及2007年纪检监察工作实施意见》

4月 印发《关于认真开展“讲正气、树新风”主题教育活动的通知》

4月 小浪底水利水电工程公司获水利部建管司等单位授予的“2006年度水利系统文明建设工地”称号

4月 综合服务中心团支部获共青团河南省委授予的“河南省五好团支部”称号

4月 肖强获“河南青年五四奖章”，陈洲获“河南省模范团干部”称号，李向涛获“河南省优秀共青团员” 称号

5月 开展向谢会贵、崔政权学习活动

6月 水利部副部长周英一行视察小浪底水利枢纽

6月 殷保合获河南省委省直工委授予的省直机关“优秀机关党建第一责任人”称号

7月 综合服务中心党支部获河南省委省直工委授予的“五好党支部”称号

8月 印发《关于召开2007年党员领导干部民主生活会的通知》

9月 印发《升挂、使用国旗管理办法》

9月 团委举办“我眼中的小浪底”青年即兴写作比赛

10月 印发《小浪底建管局对外宣传管理办法》

10月　局获河南省总工会授予的“河南省学习型组织先进单位”称号

12月　召开第三次工会会员代表大会

12月　团委获第六届“河南省五四文艺奖”优秀组织奖

12月　政研会获“2006—2007年度全国水利系统优秀政研会”称号

12月　西霞院项目部团支部获“2006年度河南省青年文明号”称号

12月　张善臣获中国水利职工思想政治工作研究会授予的“2006—2007年度水利系统优秀政研工作者”称号

12月　张红建、陈琳获“河南省青年岗位能手”称号

2008年

1月　水利部副部长矫勇到局检查指导工作

3月　印发《小浪底建管局企业文化建设2008年度工作实施方案》

3月　印发《2008年党的工作实施意见》

3月　印发《小浪底建管局2008年纪检监察工作要点的通知》

3月　水力发电厂发电维护分厂获河南省总工会授予的“工人先锋号”称号

4月　印发《关于开展“一个党员干部一面旗帜、一个党员一个榜样、一个职工一个形象”主题教育活动》

4月　召开2008年宣传工作会议

4月　印发《关于开展廉政文化活动的实施方案》

4月　胡宝玉获“河南省青年五四奖章”，李向涛获“河南省模范团干部”称号

5月　印发《关于评选先进党支部、优秀共产党员和优秀

党务工作者的通知》

5月　开展向汶川大地震灾区捐款活动，共捐款114.3495万元

5月　工会获河南省总工会授予的“河南省模范职工之家”称号，水力发电厂分工会获河南省总工会授予的“河南省模范职工小家”称号

5月　西霞院项目部获农林水利工会授予的“全国农林水利产(行)业劳动奖状”

6月　印发《关于表彰2006—2008年先进党支部、优秀共产党员和优秀党务工作者的决定》

6月　召开庆祝建党87周年座谈会

6月　局获黄河水利委员会计生委授予的“2007年计生工作先进单位”称号

6月　水力发电厂团支部获“河南省抗震救灾先进青年集体”称号，马鸣华、魏立巍获“河南省抗震救灾优秀青年”称号

7月　团委开展“节约从我做起”活动

7月　印发《关于开展处室文明卫生创建活动的通知》

7月　印发《“新解放、新跨越、新崛起”大讨论活动有关文件的通知》

7月　水利部胡四一副部长视察小浪底水利枢纽和西霞院反调节水库

7月　殷保合荣获省直机关“优秀机关党建第一责任人”称号

8月　团中央书记处书记汪鸿雁参观考察小浪底水利枢纽

8月　赵尚柱、叶鹏、代存波三位同志获水利部授予的“全国水利抗震救灾先进个人”称号

10月　印发《小浪底建管局深入学习实践科学发展活动实施方案》

10月　印发《小浪底水利枢纽建设管理局党风廉政建设责任制实施细则》

10月　召开深入学习实践科学发展观活动动员大会

10月　开展向汶川地震灾区捐赠衣被活动

10月　黄河小浪底水利枢纽风景区被评为“AAAA级旅游景区”

11月　印发《关于贯彻落实〈水利部贯彻落实中央〈建立健全惩治和预防腐败体系2008—2012年工作规划〉实施办法〉的意见》

11月　小浪底记者站被评为中国水利报社2008年度“先进记者站”

11月　局获“全国水利系统职工文化工作先进集体”称号

2009年

1月　局获中央文明委授予的“全国文明单位”称号

2月　局获中国水利江河体育协会颁发的“2007—2008年全民健身活动优秀组织奖”

2月　局获国家体育总局授予的“2008年全民健身活动优秀组织奖”

2月　郑州市紫荆山路家属院获郑州市人民政府授予的“2008年度市级园林小区”称号

3月　召开深入学习实践科学发展观活动总结大会

3月　召开2009年度党的工作暨纪检监察工作会议

3月　局政研会被河南省思想政治工作研究会授予“优秀政研会”称号

3月　团委以“建设青年林，保护母亲河”为主题，开展“青年林”植树活动

3月　印发《小浪底建管局2009年度党的工作实施意见》

3月　印发《小浪底建管局2009年纪检监察工作要点的通知》

3月　小浪底工程咨询有限公司穿黄监理部获河南省总工会授予的“工人先锋号”称号

4月　印发《关于继续深入开展创建文明办公室活动的通知》

4月　参加水利部文明办统一组织的水利系统文明建设成果图片展

4月　小浪底水利水电工程有限公司土建维修项目部获河南省创争活动指导委员会授予的“河南省学习型组织先进班组”称号

4月　综合服务中心团支部获“河南省五好团支部”称号，徐江平、刘定友获“河南省新长征突击手”称号，李锐、张建峰、郜莉获“2008年河南省优秀共青团员”称号，赵可峰获“河南省模范团干部”称号

5月　印发《关于开展庆祝建国60周年活动的通知》

5月　召开2009年宣传工作座谈会

6月　团委“青春小浪底”博客网站正式开通

6月　印发《关于继续深入开展“三个一”主题实践活动的实施意见》

6月　水利部陈雷部长一行到小浪底水利枢纽视察指导工作

6月　局机关第三党支部获中共河南省委组织部、中共河南省直机关工作委员会授予的“2007—2008年省直机关五好党支部”称号

6~8月　团委举行“我锻炼我健康，喜迎新中国60华诞”职工健身活动

7月　印发《关于组织开展“三个一”主题实践活动征文有关事项的通知》

7月　局获黄河水利委员会计生委授予的“2008年度计划生育工作先进单位”称号

8月　承办庆祝建国60周年全国水利文艺调演节目审查

8月　印发《关于组织召开2009年度民主生活会的通知》

8月　团委开展“局情水情教育”活动

9月　印发《关于认真学习贯彻党的十七届四中全会精神的通知》

9月　小浪底风景区被评为“河南十大最美丽的湖”

9月　印发《关于贯彻执行〈国有企业领导人员廉洁从业若干规定〉的实施办法的通知》

9月　局获水利部安全生产领导小组办公室颁发的“水利安全生产宣传教育活动优秀组织奖”

9月　水力发电厂发电维护分厂获中国农林水利工会全国委员会授予的“全国水利系统学习型组织先进集体”称号，卢建勇获中国农林水利工会全国委员会授予的“全国水利系统知识型职工”称号

10月　在小浪底水利枢纽管理区举办局职工运动会

10月　水利部原部长杨振怀考察西霞院反调节水库

10月　小浪底水利枢纽获“国际堆石坝里程碑工程奖”

11月　印发《关于开展“认清形势　统一思想　改进作风　促进发展”专项教育活动的通知》

11月　小浪底水利枢纽获“2009年度中国水利工程优质（大禹）奖”

11月　局获河南省委省直工委颁发的“省直机关庆祝新

中国成立60周年爱国歌曲大家唱活动优秀组织奖”和“合唱金奖”

11月 团委举行“三个一”主题演讲比赛

11月 中国水利报社小浪底记者站获“优秀记者站”称号

12月 在郑州生产调度中心举行第二次“全国文明单位”揭牌仪式

2010年

2月 印发《关于开展民主评议党员 民主评议党支部工作的通知》

2月 旅游开发公司景区旅游服务部获得河南省总工会授予的“河南省五一巾帼集体奖”

3月 印发《关于中共水利部小浪底建管局第三次代表大会选举工作的通知》

3月 团委召开2010年度团的工作会议

3月 团委开展“成长之路”系列讲座

3月 小浪底水利枢纽获“中国土木工程詹天佑奖”

4月 召开第三次党员代表大会

4月 召开2010年度党的工作暨纪检监察工作会议

4月 印发《小浪底建管局2010年度党的工作实施意见》

4月 印发《小浪底建管局2009年纪检监察工作要点》

4月 印发《关于进一步加强我局外派人员学习和信息沟通工作的通知》

4月 印发《关于表彰2009年度宣传工作先进单位优秀通讯员和优秀作品的决定》

4月 印发《关于召开中国共产党水利部小浪底水利枢纽建设管理局第三次代表大会的报告》

4月　组织开展向玉树地震灾区捐款献爱心，全局干部职工共捐款95031元

5月　召开2010年度宣传工作会议

5月　小浪底爱国主义展示厅获“2008年度全国文明号”称号

5月　机关团支部、水力发电厂团支部获“河南省五好团支部”称号，陈岭获“河南省优秀共青团员”称号，马古贝获“河南省模范团干部”称号

5月　举办“热爱小浪底，青春献水利”诗歌散文朗诵比赛

5月　印发《关于调整精神文明建设工作领导小组成员的通知》

5月　印发《关于在全局基层党组织和共产党员中深入开展创先争优活动实施意见》

5月　召开“创先争优”活动动员会

5月　殷保合获河南省“五一劳动奖章”

5月　印发《关于组织开展课题调研的通知》

6月　召开庆祝建党89周年座谈会

6月　印发《关于表彰2008—2010年度先进党支部、优秀党务工作者和优秀共产党员的决定》

7月　印发《关于中共水利部小浪底水利枢纽建设管理局第三届委员会和中共水利部小浪底水利枢纽建设管理局第三届纪律检查委员会选举结果的通知》

7月　团委开展“读书漂流”活动

7月　小浪底风景区顺利通过国家AAAA级旅游景区复核

8月　承办第三届全国水利系统“小浪底杯”游泳比赛

8月　局获全国绿化委员会授予的“全国绿化模范单位”称号

8月 印发《关于开好2010年度党员领导干部民主生活会的通知》

10月 工会被中国农林水利工会评为全国水利系统"模范职工之家"

10月 印发《关于组织参加第二届省直"十大道德模范"评选活动的通知》

11月 印发《关于认真学习贯彻党的十七届五中全会精神的通知》

11月 团委启动深入开展创先争优活动

12月 局获得"2010—2011年度中国建设工程鲁班奖（国家优质工程）"

12月 印发《关于做好2010年度民主评议党员党支部工作的通知》

12月 局被水利企业协会评为"全国优秀水利企业"，殷保合被评为"全国优秀水利企业家"

后 记

《化雨春风（二）——水利部小浪底水利枢纽建设管理局思想政治工作文集》即将出版。它共收集小浪底建管局领导和思想政治工作者5年来的论文、文章32篇。该书共分两大部分，第一部分为在中国水利职工思想政治工作研究会等组织机构获奖的文章，第二部分为在有关会议上交流和有关公开出版的书籍、杂志上发表的论文。各部分分别按时间先后顺序排序。该书是小浪底建管局思想政治工作者辛勤工作、勇于探索的成果，凝聚了思想政治工作者的心血和汗水。今天把这一散发着浓烈芳香的文化成果作为小浪底建管局建局20周年局庆的一份献礼。

多年来，小浪底建管局一直得到水利部、河南省有关领导的关怀和中国水利职工思想政治工作研究会的大力支持与指导，思想政治工作得到长足的发展，借此机会表示衷心的感谢。由于我们收集资料和编辑时间紧迫，疏漏和不当之处在所难免，敬请广大读者批评指正。

编 者

2011年1月